U0607489

做父母是一生的功课

人民政协报教育周刊◎编

中国文史出版社

编辑委员会

主　编：张立伟　王相伟

副　主　编：石秀燕

执行主编：贺春兰

编　辑：张惠娟

爱孩子是门科学

党的十八大以来，以习近平同志为核心的党中央高度重视家庭家教家风建设。习近平总书记指出，"要重视家庭文明建设，努力使千千万万个家庭成为国家发展、民族进步、社会和谐的重要基点，成为人们梦想启航的地方。""青少年是家庭的未来和希望，更是国家的未来和希望。""家长应该担负起教育后代的责任。家长特别是父母对子女的影响很大，往往可以影响一个人的一生。"

确实，父职和母职是否成功牵系家国，影响着家庭的和谐、孩子的幸福，亦关乎社会的文明与安宁。

伴随着 2022 年 1 月 1 日《中华人民共和国家庭教育促进法》的施行，家庭教育之重要已经逐渐成为全社会的共识。但家庭教育具体怎么实施，却常常七嘴八舌、莫衷一是。有部分家长盲目从众，急功近利，焦虑内卷；有部分家长基于自己的成长经验，对孩子的内心需求熟视无睹。当然，也有很多家长能够保持淡定，营造从容和谐的家庭环境，孩子们也能够享有自由自在的成长空间。

我常讲，爱孩子是父母的天性，但会爱孩子是一门科学。家庭教育促进法明确要求：家庭教育要尊重未成年人身心发展规律和个体差异；遵循家庭教育特点，贯彻科学的家庭教育理念和方法。父母和其他监护人要用正确思想、方法和行为教育未成年人养成良好思想、品行和习惯。这些表述提示我们，家庭教育是门艺术，更是门科学，有规律可循。父母需要学习，需要把握家庭教育的规律。

时代在飞速变化，很多我们之前没有意识到的问题今天有了新的科学发现支持。比如，脑科学的最新研究表明，和之前跑很远的路择校相比，选择家门口的学校让孩子们有充足的时间睡眠，会让孩子更受益。

处在开放变化环境中的亲子关系亦受到时代的影响而需要在不断调试中优化。比如，面对孩子们成长过程中出现的小毛病和父母想要孩子们获得的好习惯，传统的家长制已经不起作用，父母需要培育协商文化，和孩子们签署"合作契约"，也许能收到更好的效果。

做父母是一生的功课，父母需要以开放的心态，不断学习、终身学习，享受和孩子们一起成长的过程和幸福。

作为央媒之一员，由全国政协主管主办的人民政协报以高端丰富的专家资源而独具优势。长期以来，其教育周刊因强烈的社会责任感赢得了各界关爱教育的人士的支持。作为教育研究者、实践者，我是其忠实的读者和作者，见证了教育周刊为教育发展鼓呼推动的历程。

近年来，一直以关注教育政策问题见长的人民政协报教育周刊也在积极开展家庭教育科普。围绕家庭教育出现的新情况新问题，邀请教育学、心理学、脑科学、营养学等领域的专家学者给予回应和阐释，满足人民群众对家庭教育的期盼和需求，为推进家庭教育工作发挥积极正向引导作用。本书就是这些文章的精选。作为《中华人民共和国家庭教育促进法》立法议案的提出者之一，我感到欣慰。家庭教育促进法绝非是只给家长和教育行业的立法，法律明确规定了媒体和企事业单位的家庭教育促进责任。人民政协报教育周刊显然已经行动起来，积极履行专业媒体对家庭教育的法律责任。

　　和同类的相关书籍相比，这本书给家长们提供了基于教育学、脑科学、心理学等多学科最新研究成果的家庭教育新理念新思维，也给读者提供了可以落地的具体可操作的家教方法和实践案例。

　　因为本书亲切可读，相信爸爸妈妈们或者爷爷奶奶们随手翻阅便会有收获；如果本书能走进社区、企事业单位的图书馆、阅览室，让社区居民、企事业单位的员工随手可及、常常学习，某个家庭某个孩子的幸福便很有可能由此得以实现。

　　为此，特别写序以推荐。

张志勇

（作者系第十四届全国政协委员，教育部教学指导委员会家庭教育委员会主任委员、北京师范大学国家高端智库教育国情调查中心主任；第十一、十二、十三届全国人大代表）

目录

Part 1
以成长陪伴成长

Part 2
以爱育爱

Part 3
转"危"为"机"

Part **1**

以成长陪伴成长

营造充满
爱的家庭氛围

如果说孩子是一粒种子，那么家庭就是土壤，家庭氛围便是空气和水分。家庭氛围对孩子的成长至关重要，每个家长都应引起高度重视。和谐有爱的家庭氛围，有利于孩子健康快乐地成长。反之，如果家庭不和睦，孩子会缺乏安全感，甚至会处于紧张、焦虑等心理状态中。

让爱在家庭中流动起来

赵莹莹

刚刚过去的一年，对于硕士刚毕业的倩倩（化名）来说，是她重新审视家庭关系的一年。

倩倩告诉我，因疫情隔离在家的近半年中，她的父母似乎每天只做两件事：一是从早到晚无休止地争吵；二是齐心协力无孔不入地催她结婚。倩倩反问父母："如果结婚就是像你俩一样彼此折磨，你们为什么还要把我往'火坑'里推？"

倩倩自嘲是个"有家不想回的流浪儿"，她很细腻地向我描述父母争吵的场景，又很冷静地总结自己与父母的关系："父母爱我吗？我觉得是爱的。在物质不富裕的童年，他们把最好的都给了我；我爱父母吗？当然也爱，每每看到他们似乎又老了一点，我都很心痛。可是，我一点也不爱这个家，这个家，让我牵挂，也让我害怕。"

倩倩的故事似乎并不是个例，我身边不乏这样的年轻人——他们爱父母，却不爱回家。这不禁让我深思，明明相爱的两代人，为何却一直生活在阴霾笼罩、严寒彻骨的家庭气候里？为什么他们的家庭没有阳光普照、风和日丽的温暖氛围呢？

从表面上来看，倩倩的苦恼似乎只是因为父母间的争吵让她厌烦。其实，究其本质，是父母们的脑袋里"少了一根弦"——他们意识不到，自己的情绪与互动方式决定了"家庭气候"。生活里的大事小情难免让夫妻磕磕绊绊，面对冲突与矛盾，如果两人都"一根筋"——陷在事情本身里，一定要面红耳赤地辩出个对错。长久下去，必然会让整个家庭的"气候环境"变得不宜居住和生存。

地球上几乎所有物种的生长，都需要适宜的气候。在自然丛林，小树苗最经不起狂风骤雨；在动物群体，幼崽对恶劣环境的抵抗力最差；在人类社会，未成年孩子对父母营造的"家庭气候"最敏感。

充满爱与安全感的家庭气候对孩子至关重要，这不是一句"心灵鸡汤"，而是切切实实地影响着孩子的大脑发育和身心健康。

著名的脑神经科学家 John Medina 在其著作 *Brain Rules for Baby*（译本：《让孩子大脑自由》）中写道："实际上，自打孩子降生，父母的一言一行都逃不过孩子的眼睛。有研究发现，如果父母关系不和，不到 6 个月的婴儿就能发现情况不妙，他们会出现血压升高、心跳加速、压力激素分泌等生理反应，这和成人面对压力时产生的生理反应一模一样。"孩子们可能不理解父母争吵的内容，但他们能够敏锐地捕捉到环境中存在的威胁，这是大脑进化而来的生存本能。

父母之间紧张的关系，会让天生敏感的孩子们处于本能的应激状态之下，为了应对这种不安全感，身体会分泌大量"压力荷尔蒙"，比如皮质醇就会渗透进婴儿或儿童的大脑，长此以往孩子的大脑构造就会发生永久性改变，这将有可能导致孩子长期的行为问题、学习困难和健康问题。

"生物学给了我们一个大脑，生活把它变成了思维。"父母营造的家庭气候影响着孩子的大脑生理发育，也塑造着孩子与世界交往的思维和行为方式。身体感受到严寒会不自觉地裹紧衣服，心灵经常感受到紧张与不安全的孩子会变得退缩和回避。安全感是孩子们探索世界的基础，也是未来与他人交往的心理能量来源。

孩子充满安全感的人格底色，不仅只来自父母育儿的招式，更是一个春风和煦、阳光充沛的家庭气候的自然产物。

如果"60后""70后"父母还能通过在物质上苛待自己、优待孩子，让孩子感受到他们自我牺牲式的爱，那"80后""90后"的父母，在物质条件并不匮乏的年代，如何让孩子感受到家庭的爱？如何让孩子习得爱？又如何让孩子爱回家呢？我想，答案还在于那根"缺失的弦"。新时代父母更需要把上一辈父母没有遗传给我们的"那根弦"重新找回来——要深刻认识到，夫妻的情绪和互动方式决定着"家庭气候"。面对分歧，除了黑白对错的争执，还要能够跳出偏执，提醒自己保持一份不破坏"家庭气候"的克制。这是为人父母的责任，也是结婚成家的必备素养。当然，你我皆非圣贤，我们都会有时陷入疯狂，有时焦躁难耐，即便偶尔让家庭被恶劣气候笼罩，也要在情绪乌云散去之后，在孩子面前与另一半和好。

"爱"在一见倾心之时可能只是一种本能，但在细水长流的琐碎日常里，"爱"一定会渐渐变成一种对家人负责的自我克制与选择。只有让爱在家庭互动中流动起来，我们的孩子才能在天朗气清、温暖舒适的气候中，安心成长。

（作者单位：北京师范大学教育学部儿童发展与家庭教育研究院）

不要把负能量传递给孩子

周运清

最近，家庭伦理电视剧《都挺好》刷了屏，更引发了人们对所谓"原生家庭"影响个人成长的大讨论。原生家庭对成长的影响所讨论的问题，集中在再生家庭如何因原生家庭问题的影响而影响到孩子的健康成长。

不要让负能量代际传递

无论是原生家庭还是再生家庭，过去就是一个大家庭，现在家庭核心化了，才有所谓再生家庭一说。对个人成长而言，无论是原生家庭影响再生家庭，还是再生家庭教育自己的孩子，都是一个成长环境问题。

影片《爱德华大夫》告诉我们，童年的经历对一个人成长的影响毫无疑问是巨大的。童年时期经历过的那些非常强烈、痛苦的经验感受，往往在不知不觉中影响一个人未来的待人接物、喜好选择等。比如，我们发现，有一位非常漂亮且品学兼优的女孩子，找对象时总是找条件比自己差很多的男孩子，相处一段时间后，又因很难勉强自己而分手。原来，在她 6 岁的时候父母离异，母亲为了养家不得不做几份工作。有一天晚上，母亲还在工作，她一个人回家，等待她的是漆黑的房间和空荡荡的冰箱。这种孤独凄伤的感受是刻骨铭心的，从此她做了一个决定——绝不要被人抛弃。所以她长大后找对象时不敢找和自己一样优秀的男孩子。这个女孩子的成长经历告诉我们，家庭环境和家庭教育对一个孩子成长的影响是巨大的。

影响个人成长的因素很多，大环境因素包括学校、社区、传媒和友群的影响，小环境因素就是原生家庭和再生家庭。就小环境而言，如果我们过于追究原生家庭的影响，大有推卸教育责任之嫌。家庭都是"历史 + 个性"的产物，与其陷在那些历史性和个性化的对原生家庭影响的探讨追问上，不如两代人都下功夫学点家教文化的优化方法，研究家教新问题，弘扬优良家风，做合格父母，提升家庭教育格局，引导孩子健康成长。

对原生家庭的研究告诉我们，对父母而言，孩子教育的主要责任永远是家长，父母要有责任和担当。对我们个体而言，无论自己在原生家庭受到什么影响，即使是那些不堪回首的苦难和不良影响，如果自己做了父母，就要努力学习，从痛苦的回忆中走出来，不要让负能量代际传递，再伤害自己的孩子。

如何做合格的父母

为了能摆脱原生家庭的不良影响，让孩子健康成长，为人父母还要不断学习、研究新问题——如何做合格的父母。

如何做父亲？网上有个经典解读，我推荐给所有的父亲："父亲左手提的是事业，右手撑起的是希望，背上扛的是风雨，可以为你遮风挡雨，但路还得你自己走，给不了你最好的，但会尽力给你全部。"如何做母亲？网上也有个经典解读，我也推荐给所有的母亲："母亲可以踩着高跟鞋，左手撑伞，右手抱娃，后面背上娃的书包，斜挎着自己的包，左肘上还挂着刚买的菜。妈妈是现实中的奥特曼，是孩子们心目中的万能女神，不仅能出得厅堂，入得厨房，还能赚钱养家，貌美如花。"

有人说，这样的父母太理想化了，谁能做到啊！其实，做到做不到没关系，把做父母当成职业，重要的是努力学习，自我成长，以不断提高自己的职业水平。

父亲对孩子的影响有多大？依据我的多年研究，现在的父亲，亲情陪伴普遍严重缺位。也有专家研究发现，如果父子在情感上或身体上疏离，标志着父爱缺位，就会使孩子容易出现以下问题：缺少安全感、学习和追求成就的动力不足、缺少自信、抗挫折能力差、拒绝诱惑和不良行为的自律能力差。父爱缺失的孩子情绪不稳定，性格易冲动，内心也比较脆弱，容易激情犯罪。一个家庭的悲剧，往往是从父亲不会"好好陪伴孩子"开始的。

我多年的研究也告诉大家，有六种父亲陪伴缺位，对孩子伤害最深最大，可能留下终身遗憾：第一种，掌心时代只顾自己玩手机的父亲。第二种，下班后不爱做家务影响家庭和睦的父亲。第三种，不愿陪孩子娱玩的父亲。第四种，事不关己高高挂起的父亲。第五种，随便发脾气、拿孩子当"出气筒"的父亲。第六种，不读书不学习没有担当的父亲。孩子 90% 的成功来自父亲10% 的高质量陪伴。

现在的很多母亲，也习惯用打击式的教育方式。比如，一些母亲几乎不会给予孩子赞扬和肯定，取而代之的是挖苦、讽刺和唠叨，错以为说点让孩子受刺激的话，会让孩子变得上进。例如："就你笨，你看 ××× 多聪明，你有人家一半我就烧高香了！""就你还想干 ×××，算了吧！这么简单的事都做不好，要饭去吧！""叫你好好努力，你就是不听，太放纵你了！"……其实，父母养育孩子的过程，是给孩子心灵点亮一盏心灯，让孩子心灵有灯、有光、有希望的过程，打击式教育灭掉了孩子心灵的灯。在我的研究中，优秀妈妈对孩子的爱如涓涓细流，知爱知教，润子无声；强势的妈妈、唠叨的妈妈、溺爱的妈妈、焦虑的妈妈、盲目攀比的妈妈、活在别人阴影下的妈妈都会给孩子留下心灵的伤疤，特别要学会管控自己的情绪，要和孩子好好说话，给孩子营造温馨快乐的成长环境。

我们应该有这样一个共识：无论如何思考原生家庭问题，目的只有一个，不要让孩子的健康成长输在家庭教育上。

（作者单位：武汉大学社会学院）

三个小技巧应对夫妻育儿观念冲突

翁爽

来自不同原生家庭的两个人一起组成新的家庭，各种因素会影响着夫妻俩对待孩子的态度和做法。夫妻育儿观点冲突不同在所难免，但需要注意的是，如果父母双方处理冲突的方式不当，可能会给孩子的成长带来消极影响。

一位朋友曾向我倾诉她心中压抑许久的苦恼——她的爸爸是一个温柔随和的人，妈妈是一个严厉高要求的人。小时候她犯错之后，妈妈总会严厉指责，每次都使她紧张而害怕。爸爸也总会在她犯错时一并受到妈妈的连带指责。直到长大成人，她父母的相处模式也总是如此，每次都让她觉得特别不自在。工作后的她还渐渐发现，自己只要遇到女领导，就会变得紧张胆怯，甚至说话结巴。

育儿观念不一致时，夫妻双方如何更好地面对并解决？

求同存异，达成育儿共识

在育儿观念不同时，建议夫妻双方花时间共同探讨一下：我们希望孩子在成长中拥有什么样的品格？长大后拥有什么样的技能？比如善良自信，比如善于沟通……如此，以达成育儿共识。在这个前提下，当夫妻面临育儿观念冲突时，彼此能够帮助对方有意识地比对自己说的话、做的事，是否有益于孩子发展，是否有助于孩子成长。比如当孩子犯了严重的错误时，如果父母一方大声训斥"唱黑脸"，一方袒护"唱红脸"，孩子内心就会特别矛盾——同样的行为，父母态度截然不同，那我该听谁的？这种局面让孩子的是非观混淆，还可能给孩子留下钻空子的理由。所以，在教育问题面前，夫妻一定要求同存异，达成育儿共识，才能有机会去解决问题。

尊重而非指责

生活中，我们经常会看到因为孩子的问题而相互指责的父母。这样的夫妻对话并不鲜见——

"你看看，总说学习是孩子自己的事情，放手不管，现在好了，孩子学习跟不上了，这都怪你！""都怪你平时那么严厉，我叫你不要那样对待孩子，你就是不听，现在他什么话也不跟我们说了，出了什么事情我们都不知道！"

妈妈们在聊天中，也经常会这样吐槽丈夫——"我们都说好了不玩 iPad 不看电视，结果他爸爸最近总带着儿子一起玩手机游戏……"

其实，夫妻育儿观的不同，许多方面是因为夫妻因家庭角色分工不同而带来的"家庭权利纷争"。

正面管教理论中提道：养育孩子，应该让他（她）生活在一个拥有尊重、快乐的家庭中。这是一种什么关系呢？孩子看到的，应是爸爸疼爱妈妈，妈妈欣赏爸爸。在育儿这个话题上，每个人都会根据自己的经历和经验有自己的想法。而如果遇到问题时，争辩谁对谁错只会适得其反，因为教育本身没有绝对意义上的对与错。因此在出现冲突时，夫妻双方应相互尊重，就事论事，不互相指责。

理智处理冲突

记得有一位学者曾这样描述夫妻冲突中孩子的心理——每一个孩子都是天生敏锐的观察家，却是一个相当糟糕的解读者，孩子很容易将父母吵架归因于自己。这表明，无论夫妻谁对谁错，孩子都是情绪的受害者。

如果夫妻双方的冲突实在避不开，自己又有情绪起伏时该怎么办？建议让自己试试这样的一种方法：情绪诚实。所谓情绪诚实，就是在每次情绪来的时候用心去体会自己心里的感受，并尝试把这种感受说给对方。可以用这样的句式：我感到了什么样的情绪……因为什么原因……我希望怎么做。比如夫妻俩因为孩子作业辅导问题带来的冲突，妈妈可以这样表达："我感到很无助，因为辅导孩子作业似乎变成我一个人的事情，我希望你能帮我一起承担起这个责任。"通过这样的方式，能让夫妻彼此去理解另一半，同时减少情绪波动带来的冲突。

人生就像一场修行，父母在教育孩子的同时，也是自己修养的再一次升级。希望每个人都能睿智面对、处理夫妻育儿观念冲突，给孩子营造一个良好的原生家庭环境，让孩子带着爱与暖，迎着阳光生长。

（作者单位：深圳市翠北实验小学心理健康教育指导服务中心）

管控好时间，在多重角色间做好平衡

李浩英

很多家庭矛盾往往与家长在多重角色间无法做好平衡有关。

我是谁？我是女儿（或者儿子），我是学生，我是休闲者，我是公民，我是工作者，我还是孩子的母亲（或者父亲）。著名职业生涯规划大师舒伯（Donald E. Super）在他的生涯彩虹图中，绘制出人在一生发展中，随年龄的增长扮演的以上六种不同角色。对于大多数家长而言，基本和我一样，六者俱全。每天鸡飞蛋打是常态，如何忙中偷闲偶尔优雅，那必须要学会一个高超的本领——掌控时间。

第一招：记录时间

以一天 24 小时为例，做一个 Excel 表格，纵向 4 列，横向 48 行，每行是半小时间隔。当我做完表格，把时间填满第一列时，刹那间意识到一句经典名言是如此的正确：时间是最公平的也是最稀缺的资源。一天只有 24 个小时，一天只有 1440 分钟。不管我是谁，你有多么与众不同，我们此刻就是平等的，我们能支配的时间都是相同的。

然后我就盯着这 48 行的表格开始了精打细算：先把必须做的事情填进去，一是工作保障 8 小时，这是底线要求，否则"工作者"身份难保了。二是对我来说必须是睡好 8 小时，中午再小憩半小时，以保障下午精力充沛。三是留出时间用于一日三餐，加上早晚餐需要自己动手，总计是 3 小时又没了。这么掐指一算 24 小时里 19.5 小时名花已有主。至此我的"女儿、妈妈、休闲者、公民"几种角色只能挤在剩下的 4.5 小时里，还哪有时间刷抖音泡韩剧，正事儿还忙不过来呢，这么珍贵的时间总是要用在我们认为重要的事情上。对我来说重要的事还有读书和跑步，加起来总是要占用 1.5 小时。还有 3 小时只能分给陪孩子 1 小时，做家务、去超市、交通等零碎的事，2 小时内完成。

第二招：要事先行

基于生涯彩虹图中的六个角色，我们需要明确什么事情对自己重要，什么事情不重要，明白自己每一个阶段到底要什么。《高效能人士的七个习惯》中最经典最著名的四象限法则会惊醒和教会我们在时间有限的情况下如何选择。

第一象限——处理重要紧急的事情：对大多数人而言这个象限总是被填得满满的，也是感觉每天都有做不完的事情，实则自己是一个拖延症患者。因为很多事是被自己拖到了火上房的地步。第二象限——处理重要但不紧急的事情。以读书为例，谁都知道重要，那就需要每天排出半小时来，即使一天看 10 页，一年下来也可以至少看完 10 本书。这就是在做重要但不紧急的事情，这样的人有长远目标，知道要成为什么样的人，要往哪里去，有使命愿景和自己坚守的价值观，超级自律。第三象限——紧急不重要，总是把时间花在这里的人常常比较被动。别人说三缺一，他放下孩子就走人，这就是做对别人或许重要对自己一点意义都没有的事情。第四象限——既不重要也不紧急，休闲娱乐都属于这一项，需要有时间限制，达到放松自我即可。如果一进门就钻进屋里玩游戏，饭也不吃觉也不睡，这样的人丝毫自控力都没有，享受此刻的满足不问将来，也不知道自己还有其他五种角色的责任要履行。

任何一个人都需要明确自己的角色，不管是学生还是家长，都需要平衡生活中的各个方面。每个星期为每个关键角色确立要达到的目标，并作出具体的日程安排。以一个星期为单位计划生活，通过审视自己的主要角色而让自己保持清醒，经常想到自己内心深处的价值观。也要记住歌德这句话："重要之事决不可受芝麻绿豆小事的牵绊。"

要事第一还有一个效能问题要讲，那就是利用你精力充沛、思维活跃的时间来处理重要事情。比如上午 8 点到 11 点三个小时全力以赴工作，等到中午吃饭路上再统一回复不是很紧急的短信、电话等。还有就是预留"余闲"，按照自己的意愿来塑造生活，比如我的目标是身体健康，那跑步的半小时就要千方百计地被挤出来。

第三招：全身心投入家庭

有一个犹太寓言，说人一旦立业成家有了孩子就如同驴子般背着沉重包袱拼命地干活，然后像狗一样认认真真守护着他的孩子，吃光他们碗里剩下的食物。当老的时候，又像猴子一样，扮演小丑逗乐孙子们。可见，古今中外的成年人在扮演"家长"这个角色上从来都是尽职尽责的。先不说老了以后，现在越来越多的年轻父母都能够意识到：孩子是否拥有童年的快乐记忆，很大程度上取决于家长能否做到有高效而有质量的陪伴。按照之前24小时的精打细算，一个有工作的父母每天留给孩子的时间也就是1个小时。就这么一点时间怎么能做到高效陪伴呢？

最重要的就是要全身心投入，只要是和孩子在一起的时间就一定排除一切干扰，放下手机停止工作，把自己全部交给对面的孩子，哪怕只是早上在床上和孩子疯闹几分钟，只是在一起吃一顿晚餐，都可以让一家人尽情享受这短暂的美好时刻。研究发现，经常与家人一起吃晚餐的孩子通常不会从事风险较大的活动。要抓住始终都存在的机会，哪怕只是早晨孩子爬进你的被窝和你读一个小故事，你也要全力以赴地关注他。

幸福是一种选择，培养对美好时刻的关注是一种技能，要有意识地去寻找积极事件，处处留心当下，将快乐带到家庭中的每一个角落，带给家里的每一个人。

（作者单位：北京师范大学中国教育与社会发展研究院）

构建和谐亲子关系

对孩子而言，童年对家庭的记忆，印象最深的场景莫过于：妈妈在厨房烹饪家常菜，爸爸在桌前摆放碗筷，一家人其乐融融地享受这人间日常的烟火气。好的亲子关系，是家庭教育的起点，这种渗透在日常生活中的温暖细节，将亲子关系在无形中紧密联结。

正确看待爱的"阴晴圆缺"

周钱

中秋节，最容易让人联想到"团圆"两个字。而"团圆"最理想的样子，可能是一家人能在一起。然而，对于一部分父母或子女来说，对中秋佳节的体验是复杂的。前几天，小汪（化名）找到我，向我倾诉她内心因节日临近而产生的纠结与苦恼。小汪是一名在校大学生，中秋节来临，她变得有些焦虑。因为长假对她来说，要考虑回不回家的问题。由于学校离家并不远，理智告诉她，她应该回去。但是，她内心对此充满了担忧。去年中秋回家时，因为学习成绩问题与父母发生了争执，最后不欢而散。今年回不回去，她无奈地笑着说："还要再想想……虽然也很想念父母。"小汪坦言，自己和父母的关系挺复杂的。

圆满的亲子关系存在吗

细细体会，亲子关系如这中秋圆月：时阴时晴、时圆时缺。

每一种亲子关系都在不同的发展阶段和不同的时刻呈现出多变性和复杂性。因为，无论父母或孩子，作为一个独立的个体，生长于不同的环境，带着不同的气质，形成了不一样的性格，接触着不同的人群。亲子关系并非一个单独存在的运行系统，随时有其他系统的参与，并对其产生影响。

显然，小汪对父母的感受有冲突：一方面她想要亲近，另一方面又想要回避。他们的关系在亲近与回避之间摆荡，她试图寻找一个让彼此舒适的平衡点。也时常听到父母谈起孩子时的矛盾："真是又爱又恨，又好气又好笑。"著名心理治疗师温尼科特曾在其著作中提到了母亲对孩子的 17 种"恨"，其中就有"婴儿不是她自己心中设想的那样""婴儿的出生不具备神话色彩""婴儿妨碍了她的私人生活"……这些"恨"，对绝大多数母亲来说，都可能体会过其中的某几条。

当然，从体验的角度来说，这不是单一的爱恨，也不是单一的好坏。亲子关系的复杂体会，贯穿于整个生命过程。真实的亲子关系总是充斥着矛盾、变化、不确定和模糊性等，带来很多挑战。

亲子关系的复杂性带来的挑战

对亲子行为不理解而感到自恋受损。12 岁的东东（化名）因一个偶然的机会接触了一款游戏，有一次正玩到兴头上，被父亲抓了个正着。父亲怒火冲天，一时激动扇了东东一巴掌，同时说了一句："你太让我失望了！"东东一边哭一边说："你不配做我爸爸！"父子俩为此事好几天没有单独说过话。显然，父亲和孩子在那一刻都有些自恋受损，感到不被理解，失望……他们不理解彼此行为背后的语言，亲子关系一度紧张。

对亲子需求不了解而进行过度努力。在青少年心理咨询中，受邀进入访谈的父母表述最多的话语恐怕就是："我已经很努力了，我不知道还能怎么做……"电视剧《以家人之名》中的母亲陈婷，很想和儿子凌霄拉近关系。但是在一系列的努力失败后，她写下了遗书。而作为儿子的凌霄也很努力想拥有一段良好的母子关系。但由于陈婷对儿子真实需求不了解，而导致行为上的错位，反而拉远了亲子距离。

对亲子冲突的担忧而采取关系回避。前面提及的案例中，小汪经过矛盾的心理思考后最后决定中秋节回家三天。而有些大学生则选择兼职、外出旅游等来回避和父母的过多接触。对有些父母来讲，关系紧张时，少说、不说、客气说都是常用的亲子沟通应对策略。而有的家长和孩子由于害怕因冲突而担忧关系破裂等，亲子双方都选择回避来企图保护关系的运行，实际上逃避并不利于亲子关系的修复。

学会"三招"，应对复杂的亲子关系

学会觉察与反思。当问题出现的时候，父母应该停下来，把亲子关系作为一个对象，观察其内在发展、变化过程。这需要父母具备自身的情绪管理能力、对亲子关系变化保持敏感的能力、对亲子关系的演变保持开放的能力。例如，3 岁之前的婴幼儿对母亲有很高的需求。进入幼儿园之后，随着其社交能力的提升，孩子们体现出独立性交往的要求。妈妈要对这个变化有一定的准备和觉察，以促进孩子的发展需要。而孩子读了大学后，父母内心出现"空白地带"，甚至感觉关系疏远。父母应该对这样的变化保持觉察，以一个开放的心态去看待孩子从高中生到大学生的变化。

亲子关系总是在不断变化，一成不变的亲子关系并不存在。重要的是，家长要对变化保持觉察、反思，要以开放的态度，多维度观察关系中双方的想法、情感和行为。一方面尊重自己内心的真实感受，另一方面也不被那些感受所淹没。

保持情感联结。总有一些阶段，父母感觉和孩子没有那么"亲"了，具体表现在：孩子和自己分享得少了；出现了一些以前没有出现的行为，说着一些莫名其妙的话，没有什么话可讲，一言不合就吵架，对孩子家庭生活之外的情况了解甚少……当这些"时刻"出现时，就意味着亲子关系处在一个特殊的情况中，提示父母要保持和孩子的情感联结。

高二女生荣荣（化名）在期末考试成绩出来后回到家对妈妈说："妈妈，我这次考了510分……"她声音低沉，内心期待着妈妈的安慰。妈妈并没有察觉到这一点，一边做家务一边随意地说："哦，510分啊，没有上次考得好呢。"荣荣难过极了，忍了一会儿之后，泪流满面："你不知道我对自己有多失望，我也想考好啊，我好累。并不是努力就一定有好结果啊！"妈妈没想到她随意的一句话会带给孩子这么大的反应，她赶紧放下手中的拖把，静静地听完女儿的哭诉。那一刻，她意识到自己误解了孩子，便轻声地说："对不起，对不起，妈妈不了解这些……"女儿听到妈妈这样说，尽管依然觉得委屈，但是体会已经和刚才不同。她感受到妈妈在那一刻与她保持着情感联结。显然，妈妈在一开始没有和孩子的情感贴近，看起来是犯了一个"错误"。这样的情况，在亲子关系中十分常见，亲子关系一时失去联结在所难免，更重要的是展现出继续恢复联结的意愿和努力。

当家长感觉在亲子关系中疏远的时候，不要急于辩论，不着急解释，试着讨论、邀请、道歉……保持联结，会帮助我们缓解关系中的不确定感、焦虑感和无助感。

努力实现亲子情感的调谐。《婴幼儿的人际世界》描述了这样一个情感调谐的场景：九月龄的女婴因为一个玩具很兴奋，伸手去拿。当抓到玩具时她大声地叫喊"啊！啊！"并看着妈妈。她妈妈也回看着她，耸起肩膀，上半身剧烈摇摆，像跳摇摆舞似的。她女儿停止"啊！啊！"叫的同时摇摆舞也停了，但兴奋、高兴及其强度是一样的。

这是多么具有共鸣性的时刻！母亲参与并分享孩子的当下时刻，亲子在同一个频道上前行。其实，生活中这样的时刻数不胜数。当然也存在诸多无意中和对方失去情感调谐的情况。这种情况一旦被意识到，并及时修复，就会让亲子关系朝着良性的方向发展。

正如天上没有一直圆的月亮，生活中也没有一直风平浪静的亲子关系。我们的亲子关系，总是在变化中形成，在变化中前进，在变化中升级。

（作者单位：浙江工商大学管理工程与电子商务学院心理辅导站）

科学互动是改善亲子关系的核心

刘朝莹

良好的亲子关系，是一生幸福的起点

美国科学家哈利·哈洛曾做了一系列恒河猴实验。

哈洛用铁丝缠成了一个代理"妈妈"，在她的胸前放了一个可以提供奶水的装置；同时又制作了一个缠上绒布并塞满棉花，但是没有放置任何可以满足小猴饥饿需求的装置。随后，他将这两位"妈妈"和一群小恒河猴关在了一个笼子里，观察这些小猴子们的行为。

经过一段时间的观察，哈洛发现了令人惊讶的现象：

小猴子们大部分的时候都愿意和"布妈妈"共处，只有在饿了的时候才会去有奶水的"铁妈妈"那里，吃饱喝足后又会回到"布妈妈"的怀抱中，紧紧抓住不放。而且一旦发生惊吓或者紧急事件，小恒河猴第一时间会奔向"布妈妈"的怀抱，从"布妈妈"温暖的接触中得到了安慰。

实验并未结束，哈洛发现那些由"铁妈妈"抚养长大的小猴子之后出现了类似孤独症的现象，不能融入种群，也不能繁育后代。后来即便通过人工方式生出小猴子，这些猴妈妈对自己的孩子也异常冷漠，甚至杀死自己的孩子。

哈利·哈洛通过一系列的实验说明：母亲和孩子之间的亲密关系，是促使一个人正常且健康成长的重要因素。

科学研究也表明，人在幼年与父母之间的亲密关系的建立，影响着其一生的爱和安全感。对于一个孩子来说，没有安全感，没有感知爱的能力，是一件非常可怕的事情。从心理学的角度说，童年遭遇的亲子关系会内化到孩子的心里，成为内在的关系模式，这一整套内在的关系模式形成了一个人的性格，也决定他的命运。所以，良好的亲子关系是孩子行走一生幸福的源泉。

亲子问题是互动出来的问题

然而，生活中，很多家庭的亲子关系出现问题，很多时候是互动出现了问题。很多人都说："孩子的问题不是孩子的问题，是家长的问题。"这句话不对。其实孩子的问题既不是孩子的问题，也不是家长的问题，而是家长和孩子互动出来的问题。把问题全都归罪于家长，对家长也不公平。家长和孩子在问题形成时都有一定的责任，只不过，孩子年龄越小，责任越小，家长的责任越大。孩子年龄大了，也会极大地影响到亲子互动。

互动是什么？互动是一方或多方彼此联系，相互作用的过程。在家庭中，家长和孩子互相影响，孩子的行为、态度会影响家长，家长做出的回应又反过来影响了孩子，形成一个积极的循环或者消极的循环。例如，孩子不写作业，家长打孩子，孩子叛逆，继续不写，家长打得更重，孩子被打"皮"了，更不听家长的。互动是理解家庭教育最重要的概念，了解了互动，再看孩子的问题就像有了 X 光片，一下子就能抓到核心。

再分析一个案例：2018 年一位老母亲状告儿子不养老。一开始人们还以为这个儿子没能力，结果大大出乎意料。这个儿子，是个海归，工程学硕士，从小就非常优秀，读名校，出国留学，本来一路顺利。可是读完硕士回来，就一直没有出去工作，老母亲丁阿婆已经养了他足足 7 年，后来丁阿婆身患尿毒症，没有能力再养，才把儿子告上法庭。看完这个新闻，不禁感叹，家庭教育缺失一样会把优秀的孩子变成废物。

在这个案例中，是什么样的亲子互动把一个从小优秀的孩子变成了废物呢？海归儿子学成归来，不去找工作，妈妈就养着他，什么都替他干了，甚至把女儿给她买的房子也转到这个儿子名下。儿子更觉得不工作也什么都有，干吗要去受工作的苦，在家里宅几年，连工作能力都没有了，妈妈更觉得儿子辛苦，宠着他养着他。估计要不是丁阿婆得了尿毒症，这个恶性的互动还会持续下去。儿子不工作，是第一块多米诺骨牌，妈妈养着儿子是第二块多米诺骨牌，直接导致了儿子可以持续不去工作，这是第三块。然后就导致第四块多米诺骨牌倒下，丁阿婆持续养着儿子。母子俩就这样合作跳了一场不去工作的"交谊舞"。你退一步，我进一步，你进一步，我退一步，直到问题越来越糟糕，其中一个支撑不住。这就是亲子互动的过程，简单的妥协性行为，促成了人生观的形成。

写作业要命的互动是怎么形成的？

孩子不爱写作业也是一样，孩子不主动写作业，家长吼孩子，孩子心情烦躁，更不愿意写，写得慢，或错题多，家长更加生气，恨不得揍一顿，孩子慢慢害怕写作业，一会挠挠腿，一会抠抠手，一会咬咬铅笔，能拖多久就拖多久，家长拍桌子，大吼大叫，气得住院。俗话说，"一个巴掌拍不响"，孩子和家长在这个写作业要命的互动中，都添了一把火，加了一把柴。

互动中任何一个环节改变，结果都会改变。假如家长改变，不用吼的方式，而是耐心陪伴，找出不写作业的原因，解决问题，孩子就能完成作业。又假如孩子改变，看到家长生气，可以主动去写，或者说出困难，一起想办法，家长就能平静下来。

这样一看，我们会发现，"孩子的问题全都归咎于家长"这种说法显然是错误的。孩子的问题不都是家长的问题，是孩子和家长在互动中共同创造出来的。有研究者请有品行障碍和没有品行障碍的儿童的母亲与三个孩子相处，一个是自己的孩子，一个是有品行障碍的孩子，一个是没有品行障碍的孩子。结果发现，所有母亲都会对有品行障碍的儿童提更多要求，对他们更消极。这说明，孩子对父母也有影响。

再举个例子，孩子写作业磨蹭，也是家长和孩子互动出来的。孩子写作业，您告诉孩子："你快点写作业呀，写完了之后就可以去玩了。"结果孩子热情高涨地把作业全写完了，说："妈妈，我去玩了。"您看着孩子欢快的背影，心里那个后悔呀，人家别的孩子还在上课，还在刻苦写作业，他怎么就能去玩了？很多家长都这样，一看到孩子特别开心地玩，心就慌了。每次我一讲这个，家长们就会心一笑。有的家长会忍一会，又把孩子叫回来："来来来，把这个练习题做了。"

如果这种事一次两次重复不断地出现，那孩子还会愿意早早地写完作业吗？孩子从这里面学到了一点，就是当我快快写完作业之后，妈妈就会给我的作业加量，我就没有了玩的时间，所以我就不能认真地学习。

同样地，父母看到孩子的不认真，一心想玩，就会操心更多，管得更严。所以说，孩子不认真学习，父母管得多，是双方不良互动导致的。

不是孩子本身不好，而是亲子互动方式让孩子产生了一些不良的行为，甚至是问题行为。

一个不自信的孩子，背后通常会有一个批评的父母；

一个拖拉的孩子，背后通常会有一个贪心的父母；

一个乱发脾气的孩子，背后通常会有一个脾气暴躁的父母；

一个自信的孩子，背后通常会有一个欣赏的父母！

如何建立良性互动？

暑假期间，一位朋友的孩子来我家住。这位叫小乐的小朋友是个 8 岁的男孩。我一看到他还带着作业，就暗暗为他叫苦："不会让我看孩子写作业吧。"小乐妈妈说："别担心，作业的事他会自己负责的。"我将信将疑，结果第二天孩子一早就把作业写完了。对我说："好了，我今天的作业任务已经完成了，我接下来是不是可以去看会儿电视？"第三天仍然如此，我对孩子的表现十分惊讶，就问他的妈妈到底是什么秘诀让孩子能够这么自觉、主动地完成作业。妈妈说："我们说话算数，他只要是早早地主动完成了作业，之后剩下的时间是自由的。"其实，这就是一个亲子良性的互动。如果小乐的妈妈也用第一种的方式来跟小乐互动的话，我相信小乐不久也会变成一个学习拖拉的孩子。

加拿大精神分析专家伯恩（Eric Berne）认为人的内心有三种状态，父母状态（Parent）、成人状态（Adult）和儿童状态（Child），简称 PAC，就是每个英文单词的首字母。这三种状态，每个人内心都有。可以想象人的内心有三个小人，一个像是父母，一个像是儿童，另一个像是成人。

当父母经常用 P（父母）的状态管教孩子时，孩子就会更多呈现 C 的状态，父母说："你快点写作业。"孩子说："我就不。"当父母更多用 A（成人）的状态对待孩子的时候，孩子也会更多呈现负责任的 A（成人）的状态。若父母说："孩子，作业是你的事情，你自己安排时间。"孩子也会为自己的行为负起责任。

学会从亲子互动的角度去看待问题，就看到了亲子之间那些隐藏的关联与牵绊，也就有机会改变这些关联，进而改善孩子的问题。阿基米德说：给我一个支点，我能撬动地球。亲子互动就是这样一个支点，改变互动，不仅仅能改善亲子关系，还能改善夫妻关系、工作关系和各种人际关系。而关系好了，一切都会好起来。

（作者单位：北京师范大学心理学部）

亲子关系的改变，从认识开始

马喆

央视名嘴白岩松有一段评论可谓经典："绝不是生理上当了父母，我们就天然是合格的父母，父母是需要终身学习的一个大行当。"不过，"父母"这门功课真的很难。难在哪里？最基本且最关键的一点就是正确认识自己。

父母要学会认识自己

先分享三个发生在身边生活中的真实场景——

案例一：一位年轻的妈妈担心自家孩子有多动症或狂躁症。咨询中，她这样描述："他都两岁了，我一叫他坐着看绘本，他就大发脾气，扔东西，还一个劲儿撕书，不让撕他就歇斯底里地哭闹，真是受够了……"

案例二：小叶（化名）拿着水杯从电视机前走过，

正坐在沙发上聚精会神地看球赛的爸爸突然站起身，抢起胳膊朝着他脸就是一巴掌，并大声吼道："还不滚开，你挡着我了！"小叶惊讶地看爸爸一眼，跑回自己的房间，反锁了房门，大哭起来。那一刻，小叶所有的自尊与对爸爸的爱都被那莫名其妙的一巴掌埋葬了。爸爸也被自己粗暴的行为怔住了，他将那只一时失控的手收了回来，恨不得扇自己一巴掌，竟然蹲下身子哭起来。至今，他也不明白自己为什么扇儿子那一巴掌。

案例三：疫情防控期间，一位15岁男孩的爸爸在咨询中讲述：有一段时间，孩子与他已经没有了丝毫的言语交流。"饭都要拿回房间吃，不让拿就干脆不吃了。甚至我都不能去孩子房间门口。本来门还开着，我一过去门就被关上甚至反锁，我想把门给卸了，又怕和孩子的关系更加恶化……"他非常痛苦，但始终不知道自己做错了什么，又该怎么办。

记得尼采说过："聪明的人只要能知道自己，便什么也不会失去。"父母从孩子的表现中察觉并认识自己，从而改变自己，是家庭教育实施过程中常常被忽视且非常关键的问题。

为什么要认识自己

在人际关系理论中，人际认知是人际交往的前提条件，个体对自我的认知则是基础。倘若作为成年的父母对自我的生理、社会、心理三个层面无法做出正确的判断，便很难与孩子建立良好的亲子关系。当然，也很容易在家庭教育中出现越位、失位、错位，做出与父母角色不相匹配的行为。

从另一个角度来看，父母只有正确认识判断自我，才能避免孩子在对父母的认识过程中出现混乱、错觉，也才能从父母那里习得正确认识自己的方式方法，为正在形成的自我认知奠定良好的基础。同时，父母只有正确认识自己才能更准确地认识、分析、了解孩子，为孩子各个阶段的成长实施科学有效的教育引导。

如何实现认知自我

中国的先哲老子曰："知人者智，自知者明；胜人者有力，自胜者强。"父母如何能做到自知？

反省法：在与自我关系中认识自己。 反省也称内省，简单地说即探视自己的内心世界。常用的方式包括：问自己、照镜子、写日记、做冥想等等。在家庭教育过程中，我们常说孩子是父母的镜子，不妨从孩子的身上寻找自己的影子；孩子是父母的复印件，也可以通过在复印件中查找自己的错误。正如案例一中的情景，不免让人迟疑：孩子第一次不愿读绘本或不听话时，甚或家人在遇到自己不愿意做的事情时所表现出来的情绪、行为方式是否已经潜移默化地影响了孩子。所以，这位妈妈不知道，孩子的哭闹、吵嚷、蛮不讲理或许与她没有学会用正确的方法表达和处理自己的情感有着直接关系。

再如案例二，这位父亲更应该反省其粗暴行为、粗俗言语背后究竟隐藏着一个怎样的内在自我。需要提醒的是：反省的目的是客观真实地认识自我，而不是惩罚孩子。

经验法：在与事情的关系中认识自己。也就是说通过观察自己处事的行为认识自己。常用的方式包括：镜中窥视、情景回放、录音重播、故事叙述等。我们的生活离不开一件件的事儿，往往通过某一件事让我们更加认识自己和他人。而在家庭教育过程中，我们也很容易通过观察、分析、反思自己处理生活事件的态度、行为、方式、结果等来客观认识自己。正如案例三中，这位父亲发现与孩子的关系出现问题时，能否通过回放近期的家庭事件，从而调整自己对待孩子的态度与方式，最终赢得与孩子关系的回归？又能否通过近距离接触—抚摸—拥抱改善与孩子的关系呢？如果父母在遇到问题时能不断总结好的经验，摒弃坏的做法，很容易总结一套属于自己的科学有效的家教方式。

比较法：在与他人的关系中认识自己。父母通常喜欢拿自己的孩子与别人家的孩子作比较。其实，家长们不妨把自己与别人家的父母比一比。常用的方法有横向比较（与同等条件的人比或与自己比较）、下行比较（将自己优秀的一面与他人比）、上行比较（将自己与成功人士比较）。无论是上述情景中的哪一对父母，不妨将自己与其他优秀的父母比一比，吸取他人之长处，完善自己的短板，最终都能成为优秀的父母。

希望我们每个父母都能做到：在相互塑造的亲子关系中成就更好的自己。

[作者单位：新疆维吾尔自治区乌鲁木齐高新区（新市区）教育局]

亲子聊天有讲究

钱志亮

家长可以在接送孩子的路上、晚饭后、睡觉前，抽出点时间和孩子聊聊天。亲子聊天，不但有助于了解孩子在学校的情况，帮助孩子及时解决现实中和心理上的困难，尽快适应校园生活，还能够增进亲子关系。

如何让聊天发挥出最好的效果，让孩子更好地适应学校生活？聊天也需要有讲究。

多和孩子聊聊积极有趣的事

幼儿园和低年级的孩子，入园入校后，开始迈入人生的一个新阶段。这个阶段的家长，往往对孩子的集体生活充满着担忧，怕孩子有分离焦虑，或在学校调皮闯祸，或和同学相处得不好，于是放学后喜欢这样问孩子："班上有人欺负你吗？""老师有没有批评你？""今天没闯祸吧？"……这些问题带着一种指向性，让孩子去回想一天中不愉快的经历，会给孩子造成负面暗示，对学校产生不好的印象。

尤其是对于幼儿园阶段的孩子，正是需要对学校建立感情的时候，以便更好地适应幼儿园以及小学的生活。家长这些无意间的负面暗示，容易让孩子觉得在学校里不安全、不快乐，甚至引发厌学情绪。因此，家长应当多从正面的角度关心孩子，比如可以问他："今天在学校发生了什么开心／有趣的事吗？"引导孩子关注学校生活中好的一面，也会调动起孩子积极的情绪，培养乐观的思维方式。

避免大而空，多问问具体的"小事"

有家长曾反映：每次和孩子聊天，聊不上两句就话题终结了，打不开孩子的话匣子。比如："今天过得开心吗？""开心／还行。""今天学得怎么样？""还可以。""和同学相处得好吗？""好。"……这些问题多半是因为家长问孩子的问题过于宽泛、抽象，孩子只能给出一个模糊、笼统的回答，无法引发孩子的倾诉欲。

家长如果想更多地了解孩子的学校生活、学习，最好问一些小而具体的问题，孩子更有表达的空间。比如可以说："今天在学校玩了哪些游戏？""你在班上和哪个同学玩得最好？""为什么喜欢和他玩？""你最喜欢上哪个老师的课？（为什么？）"……这些具体的问题，会让孩子有话可说，话题也能继续下去，且聊得更加深入，促进家长对孩子的了解。

　　不管哪个阶段的孩子，日常生活中或多或少都会遇到对他来说难以解决的问题、烦心事。不善于表达的孩子，可能就会一直埋藏在心里，不利于他的成长发展。

　　家长可时常问孩子这句话："有什么需要爸爸妈妈帮忙的吗？"这样不仅会给孩子一个契机，说出自己面对的难题和烦恼，也是向孩子传达这样的信息：遇到困难不必一个人扛着，爸爸妈妈是你最坚强的后盾。这份无条件的爱和支持，会赋予孩子无限的勇气和自信。共同面对生活中的难题，也会极大地促进家长和孩子之间的感情，孩子更加信任父母。当孩子说出自己的困难和烦恼时，家长帮他梳理清楚，给予建议和引导，也有助于孩子学习解决问题的方法，树立正确的价值观。

　　这个过程中，家长需要注意的是，不管孩子说的是什么事，家长不要过于关注孩子的错误从而责怪、批评他。事情既然已经发生了，重点是和孩子站在一起，共同面对和解决问题。

父母要做孩子的倾听者

　　有些孩子是小话痨，会拉着家长讲学校发生的事情、自己的心里话，这个时候，家长的态度很重要，影响着孩子日后和家长沟通的意愿。有的家长，一边玩手机或者做手头上的事，一边和孩子漫不经心地聊天，没有认真专注地听孩子说。

　　孩子是很聪明、敏感的，家长有没有认真听他讲话，他能够清楚地分辨出来。当孩子经常感觉到家长没有和自己在同一个频率，不在意他说了什么、有什么感受，就会渐渐失去和父母交流的欲望，降低对父母的信任。到时候，家长再想追着孩子聊天，就为时已晚了，破坏信任很容易，重建却很难。还有的家长，孩子还没说几句，就开始发表自己的意见，审问孩子、讲大道理，导致孩子兴致全无。比如，孩子说："今天班上有两个人打架了，特别搞笑。"家长急忙教育孩子："怎么能打架呢？你可不能学他们，在学校要听话，知道吗？"

说教，是亲子沟通中最忌讳的一点。家长单方面说爽了，实际上几乎起不到什么效果，反而容易引起孩子的厌烦，不愿再和父母聊天。而且，家长总是站在"绝对正确"的高位，对孩子输出道理，孩子慢慢会隐藏起真实的自己，不对父母说真话。在和孩子聊天过程中，家长做一个好的倾听者，少说多听孩子说，是非常重要的一环。

首先，家长要做到对孩子的话题保持高度的兴趣，看着孩子，认真倾听，不要三心二意，不随意打断孩子。其次，家长要多站在孩子的角度，体会孩子的感受，接纳和理解孩子的情绪，减少评判、说教。当孩子分享搞笑、开心的事时，和他一起笑和开心；当孩子感到愤怒和沮丧时，努力去体会他的感受，帮助他表达出来。比如，孩子说："今天老师批评我了，气死我了！"家长可以说："看出来，被老师批评了，你很生气。""能理解，那滋味一定不好受。"接下来，孩子可能会给家长讲讲具体发生了什么。自己的感受得到接纳和理解，孩子的倾诉意愿会更强，就会对父母敞开真实的内心世界。

有人说，最好的陪伴，就是情绪的陪伴。我很认同，被接纳和理解的感觉是很温暖的，能够拉近双方心与心的距离，这也是亲子沟通最理想的状态。在这个基础上，家长再适当引导孩子，教育效果才会更好。

和孩子说说"废话"

经常在网上看到有孩子这样吐槽家长："一跟我说话话题就只有学习，好像学习就是我的人生全部。"的确，许多家长不知道跟孩子聊什么，张口闭口只有作业、学习、考试这些事。尤其是每天放学后，如果家长只知道询问孩子的学习情况，催孩子写作业，孩子自然会不开心，觉得父母关心学习和作业，胜过关心自己。

中国社科院新闻与传播研究所等机构曾发布《青少年蓝皮书》，根据对各个城市学生的调研，整理出孩子最不喜欢家长说的话，其中排名第一的就是：去学习 / 快写作业！一项心理学研究显示，一个人说的话假如有 90% 以上是废话，这个人就容易感到快乐。假如废话不足 50%，这个人就不容易体验到快乐的感觉。如果孩子愿意和你说许多"废话"，说明他跟你相处是放松且愉快的，对你充满了信任，因此愿意和你分享各种事情。有时候，爱就藏在生活中那些平淡琐碎的"废话"中。亲子沟通中，家长多和孩子聊聊"无用的事"，会让亲子关系变得更加紧密，给生活增添更多的乐趣和幸福感，让孩子在愉悦的环境中学习成长。

（作者单位：北京师范大学教育学部）

多子女家庭的教育之道

电视剧《我的兄弟姐妹》中有句台词说得好："兄弟姐妹原本是天上飘下来的雪花，谁也不认识谁，但落地以后，便融为一体，结成冰，化成水，永远也分不开了……"在多子女家庭中，父母需要树立健康积极的教育理念，让兄弟姐妹和谐相处。

给每个孩子"专属的爱"

张惠娟

给哥哥"预定的礼物"来了：提前预设，做好铺垫

"老二天使似的微笑着：哥哥弄的呀！'把手伸出来！'妈妈说。老二伸出两手环抱着哥哥的头，把整个身子覆在哥哥身上，大声叫着'不要打不要打'……"

这是龙应台《亲爱的安德烈》这本书里，关于二孩教育话题的相关描写。大儿子安安因妈妈照顾弟弟而"吃醋"的举动给我留下了极为深刻的印象。

啼笑皆非之后，我对自己说：作为父母一定要"一碗水端平"，给孩子们平等的爱。

大约8年前，在大儿子刚入幼儿园时，我们就曾不断地和他交流弟弟或者妹妹的话题。他欣然接受。当然，每次他给出的答案都很不一致——幼儿园阶段的回答是："要妹妹，这样她不跟我争玩具，我不喜欢女孩的洋娃娃！"小学低年级时的回答

是："要弟弟，我的玩具可以都给他玩，妈妈不用再花钱买玩具了！"小学三年级时的回答是："坚决要弟弟，我们班女生太矫情了！"……直到四年级时，看到身边同学有了弟弟或妹妹，他开始了主动央求，理由是"我想当哥哥！"我知道，要二孩的时机已经很成熟了。于是，2019 年，在他即将迈入小学最后一年时光的那年暑假，我们将他"预定的礼物"送给了他——小他 11 岁的弟弟诞生了。从此，我的家庭教育模式切换到了二孩时代。

由于提前铺垫得好，弟弟的到来，让哥哥兴奋不已。那段时间，他无论见到谁都主动炫耀：我有弟弟啦！他萌萌的样子太招人爱啦……

为了让哥哥"见证"一个小生命的成长，加深兄弟俩的感情，我会抓住给弟弟换尿不湿、唱儿歌等一切机会，让哥哥参与进来。每当这个时候，我都会对哥哥说："你也是这样，从那个小不点长成现在的男子汉的。"周末，阳光好时，哥哥也喜欢推着婴儿车在小区遛弯晒太阳，邻居见了都夸"这个哥哥真好！能帮妈妈带孩子"。每及此，哥哥就感觉特别有成就感。

这些画面让我暗自庆幸：看来我们的铺垫工作做得好，哥哥和弟弟的关系相处十分融洽，子女"争宠"的事情应该不会发生在我的家里。

当"婴儿期"遇上"青春期"：
不同的阶段，给孩子各自"专属的爱"

在最初的 1 年时间里，哥哥和这个"预定的礼物"相处得十分融洽，处处表现出了大哥的担当。直到有一天，伴随着哥哥青春期的来临，我才意识到原来我们和子女的关系是动态的、时时变化的。

"盖了这么高的大楼，儿子，真棒！"有一次，我在客厅和弟弟玩积木时很自然地说了这句话。此刻，哥哥立刻从房间出来，生气地说："妈妈，你不能称呼他'儿子'，那是我的'专利'！你只能称呼他小儿子或者二儿子……"

那一刻，我心里闪出两条"线索"：一、青春期来了。二、有不开心的事情。于是，我赶紧走过去，拥抱着他说："你是大儿子，弟弟是小儿子，你们俩都是爸爸妈妈的好儿子！"我发现，那一刻哥哥像一头想攻击的小牛，情绪激动，眼睛里似乎还闪着泪花。

我抱着他，惊讶地发现他已经高出我一头了。的确，哥哥进入青春期了。这也提示我，虽然表明上"风平浪静"，其实他内心也"吃醋"了。

"在我们心里，对你们的爱是一样的呀。那你觉得弟弟出生后，给我们家的生活带来了什么？给你带来了什么？"借此机会，我想"采访"一下哥哥。

"弟弟自己用手抓饭，吃得满脸都是，你们也夸'真棒'；捧着弟弟的脚丫子，你们都说'真香'；甚至他拉屎的样子都是可爱的……"平静下来的哥哥开始"吐槽"。

从习惯"独宠"到有人"分宠"，从家里的"儿子"变成"大儿子"……哥哥的内心对情感的需求其实比弟弟更强烈，更加需要父母的爱与关注。尤其到了青春期，他的内心更加敏感，更渴望被夸赞、被关注。

　　我翻出了哥哥 1 岁前的照片，然后一张张给他看，给他讲当时的情景。他惊叹于"兄弟俩长得竟然这般相像！"我告诉他，能成为兄弟姐妹，是很难得的缘分。未来当父母都老去了，这个世界上，会多一个"至亲的人"。我还告诉哥哥，每个孩子在不同的成长阶段，家长的爱会表现得不一样。

　　我发现，两个孩子的家庭，无论家长再强调"同样的爱""平等"之类的话语，都是多余的。因为，他们处在不同的年龄段，给予的时间不可能平等，表达爱的方式也不可能一样。孩子不管多大，他内心渴望的是独特的专属的爱，所以家长应根据不同的年龄段以及个体的需求来给予精准的爱、独一无二的"专属的爱"。此后，在生活中，我们更加关注哥哥的情感世界。聊学习，也聊同学之间的八卦新闻。每周五晚，我们都会在"家庭影院"中让哥哥选择一部电影，全家人陪他观看。周末，也安排半天时间，让爸爸单独约他去爬山、运动……

　　总之，自从那天一番心灵上的畅谈后，我们明显感到哥哥对这份"专属关注"的满足，他也更加爱弟弟了。弟弟睡觉时，一向大大咧咧的他，走路蹑手蹑脚，而且还会时不时看看弟弟有没有踢被子。他也会动作熟练地给弟弟沏奶粉、换尿不湿。学校木工课上，其他同学都选择了高难度的项目，而动手能力超强的哥哥却选择了"最幼稚"的选题，他设计制作了可爱的小飞机、小汽车——因为他要送给弟弟。外出回来，总会给弟弟带回礼物。有一天，他摸着弟弟的小脚丫对我们说："有个弟弟真好，让我有机会'穿越到了过去'，看到了婴幼儿时代的我……"

　　在弟弟生日那天，哥哥点燃了代表 1 岁的蜡烛。我让哥哥说句祝福语。他说："在幼儿园时，我觉得妈妈对我来说最重要，给我讲故事，带我出去玩，我感到很温暖；小学时，我觉得爸爸更重要，因为他给我讲天文地理历史知识，丰富了我的精神世界；现在，我觉得这个软乎乎的小弟弟在我心里占据了更重要的位置……"

我知道，二孩家庭的教育才刚刚开始起步。我坚信，家庭是每个人学习关系技巧的场所，父母与孩子的相处方式，乃至教育他们之间如何相处的方式，都将成为他们成长中的一份宝贵礼物。手足情深的培养，需要父母给予每个不同的生命个体独特的爱，在一次次互动中，帮助他们成长为善解人意、心有温暖的个体。而当每个孩子都在互相磨合中奔向彼此时，未来路上迎接他们的，将是更多的美好。

（作者原单位：人民政协报教育周刊编辑部）

手足亲情，也需要"刻意"培养

黄传慧

"你说我该怎么办呢？兄弟俩一天到晚都不说话，跟仇人一样。"一位闺蜜跟我吐槽她家的情况，我自己也是在二孩家庭中长大的，现在又是一位二孩妈妈，身边也有很多二孩家庭的朋友，我深深地觉得，对二孩家庭来说，手足亲情的培养尤为关键。

也许有人会疑惑：兄弟姐妹本来就是一家，自然就有亲情，还需要培养吗？其实不然，虽然兄弟姐妹有先天的血缘关系，但如果缺乏后天的维系和培养，也依然很难培养出应有的亲情。

我从哪里来——为两个孩子的到来建立一个独一无二的精神联结

"要还是不要？要的话，两个孩子怎么抚养？……"几年前，突然发现怀孕后，这一系列的问题让我茫然又焦虑。我无奈地问身边不到 3 岁的姐姐："宝贝，妈妈肚子里有小宝宝了，你说要还是不要呢？""要！"手里拿着玩具的姐姐脱口而出，"我想像小猪佩奇一样有个弟弟乔治！"……

"我想有个弟弟！"姐姐最纯真、最简单的回应，让我决定了无论多么艰难，一定要留下这个小生命。所以，每当弟弟问我他是从哪儿来的时候，我就把这个故事告诉他。姐弟俩平时也特别喜欢听我讲他俩出生的故事，久而久之，我常跟他们说的话逐渐成为他俩的共识：我们俩是在同一家医院出生的，我们俩都是妈妈身上掉下来的肉……这样的精神联结在血缘联结的基础上让他俩进一步坚定了他们独特的手足同胞关系。

培育共同的精神密码——读书、观影、旅行，培养两人的共同话题

一起读书特别是分角色共读一本书是姐弟俩特别喜欢的睡前活动。比如在读宫西达也的《虎斑猫和黑猫》的时候，我读旁白，姐姐扮演虎斑猫，弟弟扮演黑猫。故事中的两只小猫从争抢一个桃子展开激烈的口水战和一轮又一轮的比赛，互不服输，而最后当其中一只猫受伤后，另一只猫却忘记了比赛，赶忙上前来背起它去医院……分角色朗读的时候，姐弟俩跟着绘本中的两只小猫互相比拼斗狠，像极了两人的日常斗嘴，从最后故事的结尾两人也自然明白了友情重于输赢这个道理。

周末亲子影院也是我们家的例行活动。亲子影院不但培养了姐弟俩的共同话语，也培养了我和他们之间的沟通密码。上周

末，我们一起看了《哪吒》大电影，前天晚上，我被一晚上都鸡飞狗跳的他俩吵得头昏脑涨，忍不住对他俩发了好几次火。熄灯前，姐姐问我："妈妈，你还爱我吗？"我生气地说："不爱！我都被你俩吵得头脑发昏像哪吒一样六亲不认了，没拿钢枪戳你们的屁股就不错啦！"姐弟俩哈哈大笑道："那个叫火焰枪！"一晚上的不愉快就这样在临睡前消散啦。

另外，家庭旅行也是培养两个孩子共同记忆的良好途径。这几年的出游，姐弟俩有一起成功挑战大峡谷的快乐体验，也有共喝仅有的一碗白米粥的"艰苦"回忆，有海边追逐挖沙的恣意时光，也有一起排长龙等待接驳车的无奈……家庭旅行，无论远近、无论欢乐与否都是培养两个孩子共同记忆和话题的良好机会。

只赞美不比较——培养两人相互欣赏和学习的态度

"你看看弟弟都比你懂事！"第一次对姐姐说出这句话的时候，姐姐非常生气，"我就是不懂事怎么了！"说完砰的一声把门关上了。我突然意识到如果这么一直说下去，很可能会给姐姐一个不良的自我暗示——"我就是不如弟弟，我就是不懂事"。所以，我改变了策略，不再比较两人的不足，只赞美两人的优点。遇到 A 做得不错的时候，我会一边夸奖 A 的时候一边赞美 B，也就是一箭双雕式的赞美。比如看到弟弟画了一幅不错的画，我会说："哎呀！你今天画得跟姐姐画得一样好呀！"（注：此处一定要十分真诚）弟弟："对呀！我就是跟姐姐学的。"姐弟俩听完我这么说心里都美美的，我也不会"因言惹祸"得罪另一方了。

不因矛盾伤和气——抓住问题出现的契机，培养两个孩子协商解决问题的能力

两个孩子小的时候出现争抢、吵架甚至动手等是二孩家庭最头疼的问题，父母若是跟着他俩的情绪着急上火大吼大叫，只会使情况更糟甚至伤害两人的感情。

其实，两个孩子在日常生活中发生争执甚至是动手打架是非常正常的，矛盾和问题的出现恰恰是一个良好的教育契机，父母若能让两人学会冷静面对分歧并能想办法解决，就能有效培养和促进两个孩子的社会性发展。当他们学会在家里妥善处理手足矛盾之后，在外遇到矛盾的时候就会实现相关的经验迁移。可以说，兄弟姐妹是一个人社会化过程最重要和最好的陪练。

好上加好——及时强化良好行为，巩固两个孩子的手足亲情

一天晚饭过后，姐弟俩在餐厅玩，我在厨房忙活，突然听见弟弟大声说了一句："真是一个好姐姐呀！"惊喜的我赶紧跑过去，原来姐姐把她正在吃的饼干倒了一些放到弟弟的小盘子里，弟弟及时赞扬和肯定了姐姐的"善举"，我摸着姐姐的头说："姐姐做得真不错呀！吃东西的时候忘不了弟弟。"姐姐故作镇定不动

声色，却又悄悄地拿起饼干袋又往弟弟的盘子里倒了一些，弟弟开心地又大声说了一句："真是一个好姐姐呀！"我转身摸着弟弟的头说："你也做得很好！姐姐给你东西，你懂得赞扬和肯定姐姐。"就这样，姐弟俩因为几块饼干维持了好一会儿的和谐时光。

……

手足亲情的培养是一个漫长的过程，没有一定的方法论，父母们需要根据各自不同的实际情况进行适时的选择和调整。作为父母，我们能做的就是不断地学习、实践和反思，努力做得比昨天更好。

姐姐上小学前，我带她参加了一个诗歌分享活动，在组织者的带动下，姐姐临场口头作了一首诗歌《昨天》——

昨天，弟弟左踹我一脚右踹我一脚

昨天，弟弟和我一起做了些傻事

昨天，弟弟把我打得稀巴烂

昨天，弟弟和我一起乱涂乱画

昨天，弟弟像小羊一样温柔

昨天，弟弟把我气得变成了一头狮子

但是，今天睁开眼睛

我依然爱我的弟弟

我想，我们能够培养的最好的手足关系就是这样：虽然时有摩擦和磕碰，但对彼此的爱永远在心中、不减不损、历久弥新。

（作者单位：北京联合大学师范学院）

一个三孩爸爸的教育经

张华

我们家里有三个娃，而且是清一色的男孩。养育三个男孩是什么感受？这是很多人曾问过我的问题。也许，在很多人看来，三个男娃爸爸这个位置，不是谁都能胜任的。特别是我们"二拖仨"外出旅行的时候，更是要面对不少朋友惊讶的表情。

确实，从没有娃到一个娃，再从一个娃变为两个娃，再到面对三个娃，我也曾手足无措过。但是，随着孩子们的慢慢长大，我对"父亲"这个职业角色的体悟也更加深刻。

一娃时代：培养孩子的终身学习力

10 年前，随着第一个娃"小报"的出生，我正式开启新手爸爸的旅程。

回顾老大出生以来的这 10 年，我在引导他成长的过程中，特别注重两个关键词：多元和专注。

专注自不必多言。小孩对他感兴趣的事情，天生会专注无比。而多元则指的是培养孩子的多元兴趣。首先从阅读开始，面要广、书要杂。我认为阅读是开阔孩子视野、建构世界观最简单有效的方法。之所以得出这个结论，和我的成长发展经历有关。我出生在河南的一个乡村，少年时代，尽管资源匮乏，但阅读给我打开了一个全新的世界。另外，高考时我树立了人生志向，要做记者，飞到天南海北去和优秀的人聊天，后来终如所愿。由于媒体的工作属性，让我在知识获取和思辨能力上持续积累而受益良多。所以在第一次做父亲时，从阅读开始，以好书为载体激发孩子的好奇心、求知欲与想象力，成为我家庭教育的主要内容之一。

我家里到处都是书，所以老大任何时候都会捧着一本书。他在二年级时，有一次老师让写一个寓言小故事。9岁的他创造了一个叫"疯狂兔"的IP。我让他闭上眼睛，引导他想象和"看见"，他很快创造了第一个故事《疯狂兔搬大树》，一口气写了将近1000字。没想到，后来在我和他妈妈不知道的情形下，他继续创作这个系列，写到第6集的时候，一集写了上万字，他同时还把故事陆续画成了漫画。他在一篇日记中写道，今后想成为像宫崎骏那样的动画电影导演和编剧。这件事给我触动非常大。我试图引导孩子从小多读杂书，开阔视野。我没有想到的是，孩子的融会贯通能力和专注的力量，远超我们的预期。他未来成不成为宫崎骏不重要，重要的是成为他自己，并且有内驱力与自信心。

老大的出生让我深信，培养"T型少年"，是今天我们这一代父母的职责。这世界上有三种人才，I 型、X 型与 T 型："I 型"就是"有一技之长，但也只有一技之长"的人，能力不错，但瓶颈明显；"X 型"是指掌握两门专业知识，且这些知识之间有明显交叉和结合点的人；"T 型"是指集广博与专深于一体的人才类型。而多元的通识阅读，是培养"T 型"少年最便捷的法宝。如果用一个词概括老大出生对我世界观启发的话，那便是培养孩子的终身学习力。

二娃时代：培养孩子的终身游戏力

老二佑佑的降临，也让我开启了"职业生涯"的新转变——我觉得做两个孩子的爸爸，责任重大，便开始系统思考如何将孩子培养成人。然后，我几乎没有任何仪式感地离开了媒体行业，创办了少年商学院，开启了儿童教育的职业生涯。

四口之家也算是一个正式的"团队"了。在养育老二和创办少年商学院伊始，我的世界观又开始发生新的变化。老二特别敦厚和善良。如果我们单独带他在外面，买了好吃的好玩的，他马上就会想，我得给哥哥和弟弟留点。他总是会设身处地为他人着想，人缘很好。所以，在引导两个孩子共同成长的过程中，"未来和能力"成为我们思考的关键词：我们到底应当把孩子培养成怎样的一个人？到底应当培养孩子哪些面向未来的核心竞争力？

老二的出生，让我坚定地认为要让孩子赢在终点线上。这句话有以下三层含义：一是"终点线"，即以终为始，把培养孩子感知和追求幸福人生的能力当成目标；二是"赢"，赢谁？赢自己。赢什么？赢得知识的丰盈、能力的提升、人格的健全；三是"让孩子"，即及时牵手、适时放手，敢让孩子做自己。

我认为面向未来的核心竞争力中，其中一大能力就是领导力与团队合作力，譬如从做家务和共同制订家庭旅行计划等事情开始，在日常生活中培养孩子的领导力以及团队合作的能力；另外一个能力与品格则是善良与诚实。我认为，世界越险恶，越要和孩子公开讨论善恶，越要教孩子善良，但善良的前提是不冒犯别人，同时也不委屈自己。然而，这些大道理似乎谁都懂，如何把它变成有章可循、切实可行、行之有效的行动计划？我的答案是——游戏化思维。即像升级打怪、闯关游戏一样，把我们希望教给孩子的方法论和价值观，潜移默化地传导给他们。

老二和老大相差不到两岁，和老三相差三岁，三兄弟在家里难免会起冲突，打架是常有的事。我们家解决冲突的原则之一是"兄友弟恭"，弟弟要尊敬哥哥，哥哥要爱护弟弟。在这种传统文化观念的基础上，再融入西方的一些教育理念。有的时候我也会加入他们的"战斗"，用游戏化的方式化解冲突。《游戏改变教育》的作者格雷格·托波说，那些采取游戏化教育的人投身此领域"并非因为他们有多么热爱游戏，而是由于他们热爱孩子，并且希望给他们更美好的东西"。所以，如果用一个词概括老二出生后对我世界观启发的话，那便是——终身游戏力。用游戏化的方式激发孩子的好奇心与求知欲、内驱力与自信心。于孩子自身而言，他们更愿意迎难而上，可谓事半功倍；于为人父母的大人而言，学会了情绪管理，也不再那么焦虑了。想想看，如果学习是一场游戏，成长是一场游戏，人生是一场游戏，该多好玩。当然前提是：价值观要纯正。

三娃时代：培养孩子的终身幽默力

每个孩子都是上天给人的馈赠。老三出生时，我创业已经快三年，"左手家庭右手事业"的状态稍微稳当了一点，所以相比之前，已经从容了不少。而我当时年龄又临近35岁，正式进入中年的河流，所以世界观又开始发生了不同的变化。

老三的小名叫多多，哥哥们开玩笑称他为"加多宝"。如果同样用两个关键词概括，我们引导老三成长的内核则是"乐观"和"豁达"。而幽默感与故事力则是生了老三之后，在我们的家庭教育理念里浓墨重彩的特点。

多多最好的三个朋友是神笔马良、司马光和花木兰。因为在他眼里，马良神秘能干，司马光果断有主见，花木兰既漂亮又勇敢。一次陪他读《神笔马良》时，我突发奇想：马良画什么，什么就能变成真的，但如果变出来的东西给人类带来了灾难，他该怎么办呢？于是我郑重其事地对只有两岁的老三说："马良没有去过动物园，有一天他画了一只老虎，没想到老虎跑到了城市中央，周围的人都吓坏了，四处逃窜，马良大惊失色，但是无计可施。这个时候，当年他梦到的那个白胡子老爷爷的声音出现了：'你找到一个叫多多的小朋友，他有办法。'马良迫不及待地找到了多多，多多对着老虎连喊三声：'变，变，变！'老虎就消失了，重新回到了画里，马良如释重负。"老三听得如痴如醉。自那天起，他就有了两句口头禅：一句是"我的好朋友马良"，另一句是"我有办法"。也是自那天开始，我就开始了"新神笔马良"系列故事的即兴编写和演绎工作。一年下来，讲了50多集之后，在给这个故事写大结局时，我借用了普瑞斯特在《致命魔术》中的桥段，大意是说：马良画画的技艺日益精湛，有一天他画了一个自己，一个看起来和他一模一样的马良出现了。听到这里，多多先是惊喜，然后又郁闷了，因为他分不清哪个才是他真正的朋友马良，所以他马上喊"变，变，变！"结果两个马良都被变了回去……

老舍先生说过："所谓幽默，既不是呼号叫骂，看别人都不是东西，也不是顾影自怜，看自己如一活宝贝。"幽默，在我看来是在平时、不经意中运用了一些技巧或智慧，将想表达的意思与情绪用看似轻松的方式甩出来，引人发笑，同时给人启发。

幽默感是养育自信孩子最大的法宝。在我看来，引导、营造和培养孩子的幽默感，至少会产生以下四个方面的积极作用：第一，幽默感能充分调动孩子的想象力；第二，一起做幽默故事的编剧，这种"深度幽默"的能力，能激励孩子不断追求新知识，并且融会贯通新知识；第三，有幽默感的孩子心态永远乐观向上，而且会慢慢地学会控制自己的负面情绪；第四，幽默感是促进亲子沟通、升华亲子关系的绝好砝码。我们用幽默感作为家庭教育的一种理念，并不一定是因为我们本身就有幽默基因，而是因为我们非常喜欢孩子，非常希望孩子能全面认知这个世界，永远乐观自信，永远积极向上。人生或许不易，但幽默永不缺席。

养育孩子，是父母的一场自我修行。我们为孩子们提供成长的营养，他们何尝不是在给我们重生的机会。归纳起来，我认为，今天做父亲，最应该教给孩子的三样东西是：终身学习力、终身游戏力与终身幽默力。用再时髦一点的话来说——今天作为一个父亲，应当是一个家庭的"首席学习官（CLO）""首席游戏官（CGO）"和"首席幽默官（CHO）"。

（作者单位：少年商学院）

让孩子在平等平常的家庭里自在长大

李芳妃

我是个从事教育行业 16 年、创业 10 年的 "80 后"，更是三个娃的妈妈。朋友经常拿来形容我的一句话是：帝都创业三娃妈，左手事业右手娃。

我们的家庭很 "庞大"：一是家有 3 个娃，分别是 10 岁、5 岁和 1 岁；二是祖孙三代 7 口人共同生活。这种家庭构成模式，让我在平时经常会遇到并思考多子女养育、工作与事业如何平衡等相关的问题。我的体悟是：不管家有几个娃，都要让孩子在平等的家庭环境里自在地长大。

多生娃，不是人生必选项

在要孩子这个话题上，我认为生娃并非人生必选项，多生娃更是如此。但是我特别喜欢孩子，所以大儿和二妞，是计划内生娃。大儿是我在 30 岁那年觉得已做足各种准备的基础上到来的；二妞是我们随着家庭事业的发展，夫妻双方达成共识的基础上到来的；三宝是个意外，她是在我临近 40 岁的人生关口上来报到的。所以，在"要"还是"不要"的艰难抉择中，我们选择了面对现实、承担责任。

回头看，这一路走来并不容易，但很值得。尤其是三宝在 2019 年大年初一出生后，新冠肺炎疫情便如火如荼地蔓延开来。导致我的美育机构也遭遇了长达 9 个月的关门停业，转线上授课。从去年到今天，一共经历了 4 次停业，这对我带来各种考验：要母乳喂养；要拓宽营收渠道；要面对其他各种压力的袭来……但今天看来，这些困难都不重要，因为人生就是这样步步升级打怪的过程，经受的挫折多一分，承受能力便也更多一分，特别真实。

所以要不要生娃，要不要多生娃，这些本不是问题。关键是我们是否真的心底简单无碍，是否构建出了属于自己的底层逻辑，是否时刻保持头脑清晰？如此，在任何选择面前，我们都不会消耗太多时间，很容易作出判断。基于生命成长和发展的事，有利于自己增长力量的事，我们勇敢承担即可。生命本就在承担中发展，在挑战中向前。

持平等平常心做个自在"躺赢妈"

孩子多了，平常心就不易得，平等心就不易守，尤其是对于一名职业女性而言，更是如此。所以，越是在家庭环境复杂的情况下，越要持一颗平等平常心。

以平常心对待孩子成长，需要一个前提：那就是父母是否真正相信孩子？是否相信每个生命都是世界上独一无二的生命体？是否相信只有走过的路，没有走错的路，每一步路都只是为了使得他们自己的生命更加有力、更加智慧而出现的？

除了平常心，还要有平等的心。在多子女家庭中谈平等，就像我们要把一锅饭均匀分给一群高矮胖瘦不同但都几天没吃饭的人一样，挺难的。这里也有一个基础逻辑：所谓的平等，并不是均分，而是因人、因情况而去行出的平衡道。基于平衡而行的平等，是真实鲜活的平等，而不是一刀切。

基于相信而立住的平常心，基于平衡而立住的平等心，在这样的双重加持下，父母心态不焦虑，无论面对什么情况，都能保持一个基本的自在态，父母便更容易"躺赢"——家庭少烦恼，亲子更和谐。

不言之教，对孩子更重要

我是个很少说教的妈妈。除了一些必要的原则性教育，比如性教育、安全教育，我会认真地对孩子输出表达之外，我对孩子很少说理。加上我的工作中会涉及绘本创作和绘本阅读等内容，所以很多关于生命教育的部分，都通过讲故事看绘本画绘本的方式，自然地完成了。

我认为，家庭教育，更多的是靠父母的言行举止、举手投足和四两拨千斤的点到为止，而不是没完没了地絮叨啰唆。因为家长说得越多，在孩子那里反而越无效。

很多人都说我们家的三个孩子，都很皮实，对环境的适应性很好，从不矫情和挑剔。这些都不是靠语言去传递的，而是让他们在真实的生活场域中经历体悟的。比如我们全家旅行，也偶尔会住比较高档的酒店，但大部分时间里，是住各地各异的民宿、快捷酒店，甚至也会住在当地盛情相邀的亲朋好友家。这样的经历，让他们可上可下，在哪里都能与环境共融，找到自己的位置和快乐。几乎在我们家，所有的事情都是这样自然发生的。在这种自然的生态里，孩子们逐渐长成他们自己的样子。

当父母全然相信，每个生命的轨迹都是独一无二的，都要在自己独特的生命历程中感受、犯错、纠偏、继续向前，在任何境地中都能感受到自在愉悦的力量时，我们的生命都会共生共长。这里面没有牺牲，只有互相成就。

（作者单位：小豆豆艺术馆）

走出焦虑，告别内卷

———————————————●

当下，家庭教育的实践现状可谓花样百出、热闹非凡。不论是诸如"内卷式鸡娃"等反映家庭教育的流行热词，还是有关辅导班、家长群等阅读量过百万的爆款文章，均揭示着家长的教育焦虑。其实，教育焦虑的背后，家长们对孩子成长的忙乱和慌乱由来已久，甚至造成孩子的"童年恐慌"。面对成长，家长和孩子原本可以更从容。

读懂孩子

边玉芳

"不提作业母慈子孝，一提作业鸡飞狗跳。"这是近两年家长们在微信朋友圈中常见的"调侃式自嘲"，其实也反映了作为父母内心焦虑的状态。

为什么会有教育焦虑？焦虑之所以出现，是因为家长对孩子的学习存在过高的期望，将自己的孩子和"别人家的孩子"盲目攀比，当现实和理想不符时，焦虑就发生了。

另外一方面，这些家长很担心孩子的未来，很关心孩子的学习成绩，但是没有科学的方法，所以常常为孩子的各种事情而担惊受怕。比如，很多父母为了让自己"有面子"，不断地给孩子的学习加压，盲目为孩子报了很多培训班。还有，当孩子不学习、不听话时，家长常常压不住火；很多家长加入了各种教育群，希望找到育儿的"一招鲜"，找到提高孩子成绩的"金科玉律"；还有的家长总害怕孩子未来没有出路，总以为孩子只要学习好就好了。总以为孩子学习时间越多，学习成绩越好。特别是妈妈，孩子只要坐在书桌前，她心里就踏实，反之就不行；还有的家长评价好孩子的标准依然是学习成绩好和乖巧听话。所以，在许多父母的心目中，孩子学习成绩的好坏，决定了孩子的人生，同时也决定了父母的人生……这些都是中国家长焦虑的表现。

还有，许多家长不了解孩子的成长规律，对孩子什么阶段培养什么能力，学什么不学什么缺乏科学认识，他们也不知道孩子的成长需求，所以也走不进孩子的内心世界。总之，这些家长对教育没有科学理性的认识，有时候甚至是缺乏常识，导致焦虑的蔓延。疫情防控期间发生了大量的亲子关系冲突，还导致了大量的悲剧，也和这种因焦虑导致的不良亲子关系有关。

2018 年，我和我的团队发布了一项《全国家庭教育状况调查报告（2018）》。报告显示，有 15.4% 的四年级家长和 9.9% 的八年级家长"从不"认真听孩子把话说完，有 17.4% 的四年级家长和 14.4% 的八年级家长"从不"允许孩子表达与家长不同的观点。

如果家长真的理解自己的孩子，懂得教育规律、亲子关系和谐的话，这种焦虑也就迎刃而解了。那么，如何读懂孩子？

要读懂孩子，首先要了解一下孩子的成长规律。比如，0 到 6 岁的孩子需要学习什么？ 0 到 6 岁，是一个孩子最可塑的时期，这个阶段，家长重视早期教育没有错。所以，从这个意义上来说，"不要让孩子输在起跑线上"的观点没有错。但问题的关键是，家长要让 0 到 6 岁的孩子学什么？我认为，发展孩子的想象力、创造力，在游戏中培养孩子的基本能力，比如，感知觉的能力、动作能力、语言能力、基本的认知能力比学知识更重要。

有时候我们会反思这样一个问题："为什么我们的爸爸妈妈

没有学家庭教育，却能将我们教育得好？"恐怕就在于，当我们在 0 到 6 岁时，恰恰是在自由的玩耍和相当多的运动中成长的，各种基本能力得到了充分的锻炼，这才是真的符合孩子成长规律的早期教育。而大量的研究也证明 0 到 6 岁的孩子需要自由地玩耍，其中每天要保证 2 个小时的户外运动时间。

我再举一个青春期成长的例子。提及青春期，一个关键词就是叛逆，这其实是对青春期的偏见与误读。但当我们科学地理解了青春期后，就理解了恰当的叛逆对孩子成长的意义。

"你只要好好学习就行了，什么都不用管。"这句最能体现中国式育儿焦虑的话，却是最不能 get 到孩子内心需求的。所以，我们要真正地走进孩子的内心世界，了解孩子的真实需求，从而为他们提供最适合的教育。

读懂孩子，要反思自己的育儿观。在育儿观上，中国父母和美国父母有很大不同。中国很多父母认为孩子是自己的"成绩单"，孩子做得好不好，关乎自己的面子。正因为家长有这样的想法，所以会对孩子有更多的控制。

我的建议是：让孩子成为一个正常人，比单纯成为学习上的超强者更重要。因为每个生命个体都是在一路跌跌撞撞中成长的。假如我们读懂孩子，就不会让孩子的成长变成学习、吃饭、睡觉的循环，而是将孩子当作成长中的独立个体，他们有自己的成长规律，允许他们自己去探索和创造，相信他们会有无限的潜能，让他们的成长历程为未来的幸福生活奠基。

（作者单位：北京师范大学心理健康与教育研究所）

呼唤儿童友好价值观

孙云晓

多年前我就发出过一个呼吁：警惕童年恐慌。

童年恐慌，指的是当儿童在面对巨大的压力时，因不能理解，也不能承受而产生的一种较持久、较强烈的焦虑心态。近年来屡见报端的青少年自杀事件，其悲剧的成因实际上就源于童年时期的恐慌。而在童年恐慌的背后，其实是父母对教育的恐慌。所以，父母的心态对孩子影响巨大，父母淡定则孩子淡定，父母恐慌则孩子恐慌。

因为恐慌的状态让生命难以生长，甚至被扭曲和毁灭。我在中国青少年研究中心工作了将近 30 年，做了大量的调查，发现童年恐慌的现象在这几十年持续不断，甚至有增长的趋势。

中国青少年研究中心从 1999 年开始做全国中小学生学习与发展状况的跟踪研究，每五年做一次研究，现在做了 20 年以上。1999 年初次调查发现，中小学生学习超时、睡眠不足的比例是 46%，10 年后这个数据不但没有下降，反而上升到了 80%。

这样一种状况令人不安，反映的是家长普遍的焦虑心态。给孩子优质的教育，是父母正常的期待，但父母对什么是优质教育的理解却存在很多偏差。

中国青少年研究中心曾做了一项调查：父母评价孩子最重要的标准是什么？数据显示，70% 以上的孩子回答的是"学习成绩"。父母不仅关注孩子学习成绩，还希望孩子考试成绩考到班级前 15 名，这样的家长比例占调查总数的一半以上。家长期望孩子上名校，必须成为学习成绩优异的孩子，否则就认为孩子没有前途。

与童年恐慌和父母恐慌相伴随的一些观念在社会上流传。曾经出现过这样的观念：如果让孩子有一个快乐的童年，他就会有一个悲惨的中年和老年。中国的家庭教育近些年取得历史性的进步，许多父母在觉醒中，也有大量勇敢而有智慧的实践，确实取得很多可喜的突破。但是各位若是冷静观察会发现，中国家庭教育出现了一个很大的误区，就是家庭教育的学校化、知识化。家庭变成了学校，家长变成了老师，关注点集中在学习上、技能上，这背离了家庭教育的根本宗旨和主要任务。

我一直在倡导，家庭教育的本质是生活教育，一个孩子生下来既需要知识教育，更需要生活教育。把这两种教育完整地结合起来，相互支撑配合，才会养育出一个健康、和谐、发展的孩子。

我们需要教育改革，教育改革一直没有停止，有很多大幅度的改革。但无论教育系统如何改革，我们对家长的影响和引领都是极其重要的。这种引领是要家长们认识到、回归到教育的规律，了解孩子科学成长的规律和教育的规律。

再谈一个核心的观点，什么样的儿童观、教育观最有利于孩子的发展？毫无疑问一定要从儿童实际出发，尊重儿童身心发展的特点和个人具有的潜能。天才是选择了适合他的道路，蠢材就是选择了不适合他的道路。好的教育让人获得自由、获得幸福、获得自己潜能的实现，把潜能变成现实，这是教育的本质。孩子是千差万别的，潜能也是千差万别的。所以儿童教育就是发现儿童、解放儿童、发展儿童。

在这个过程当中，最重要的一个价值观就是要树立儿童友好的价值观。儿童友好的价值观是什么？联合国 1996 年为了实现儿童的权利，提出了一个建设儿童友好城市的倡导，全世界都在推行这个理念。

儿童友好的本质是儿童优先，儿童的利益最大化，就是要促进最有利于孩子的发展，这是最根本的原则。回到儿童本身我们会发现，儿童有自己的梦想、自己的潜能、自己的追求、自己的愿望。但有调查发现，认真学习过儿童保护相关法律的中国家长不足一成。家长们对孩子的高期望、高压力背离了对儿童的了解、对儿童的尊重，是对儿童权利的一种忽视或者剥夺。

所以，我呼吁家长树立儿童友好的价值观，因为只有当家长的心态改变以后，孩子才可以获得自由的空间，才可以获得更好的发展。

（作者系中国青少年研究中心家庭教育首席专家）

面对焦虑，何以释怀

高洁

作为一名一岁娃的妈妈，在和朋友交流育儿经验时，我惊讶地发现，身边很多同龄娃的妈妈已经在"鸡娃"的路上走了很远了，而且越走越焦虑。我不禁思考：家长们对教育的焦虑到底指什么，今天的教育焦虑又为何愈演愈烈呢？

我发现，家长的教育焦虑并没有固定的内容，孩子学习成绩不好、沉迷手机、社交障碍或不健康的生活习惯等皆可成为教育焦虑的缘起。"中等努力'鸡'不出上等牛娃""鸡娃只有下限、没有上限"等话语揭示着被困在系统中的家长在行为上的努力钻营，对结果的紧张担忧，以及态度上的无可奈何又心甘情愿。当然还存在着相当一部分家长，孩子并没有出现明显的成长问题，但是家长单纯在与其他家庭比较的过程中或身处舆论制造的焦虑氛围中而焦虑。如此看来，家长焦虑的内容各种各样，但他们将关注点都聚焦在孩子的短板方面。这就像有颜值的人怀疑自己的智慧，有智慧的人怀疑自己的能力一样。虽然焦虑的内容各种各样，但背后反映出的目的极其一致。不论是底层人民焦虑自己孩子考不上大学，无法改变命运，还是中产阶层焦虑自己孩子不如父母一辈，阶层下降等，都反映着家长对失败、普通、平凡的恐惧，对向上流动的欲求，以及对考上好学校、找到好工作、占有好资源的渴望。

家长是否应该产生教育焦虑？当然应该。孩子成长过程中会产生各种问题，此时家长必然会产生焦虑情绪，也一定会因当下社会的风险而担心孩子的各方面安全。但真正需要思考的教育焦虑问题并非此种焦虑，而是如果有两所学校，一所是润物细无声地将世界向孩子敞开，但没有名气的学校；另一所是采取严苛的应试教育策略，但升学率有保障的学校。相比之下，我想很多家长还是会选择后者。当家长给孩子报名若干辅导班时，那些明显的、看得见的标签消解不明显的、看不见的真正的意义，这种以学校知名度、以过度竞争为原则的选择逻辑使教育焦虑的本质浮出水面。

教育焦虑，是人们将教育一事看得过分重要，甚至超过了教育本来的意义，连接了其他非教育的价值，由此产生一系列偏差的内卷性教育实践行为与不良情绪。家长让孩子上早教班，并非看重早教班促进孩子的成长，实乃防止孩子掉队；害怕孩子沉迷手机，不是因为电子产品对思维的愚化，而是因为其耽误了学习的时间。

综上种种，家长的教育焦虑究其根本，来源于以下三方面。

第一，资源有限带来的必然竞争。无论是"不能输在起跑线上"，还是"千军万马过独木桥"等口号，皆体现着人们对教育竞争的焦灼。其实自人类社会产生以来，人所面对的社会资源便愈发有限，社会资源的有限与人们需求的无限构成持续性矛盾。在无法实现按需分配的情况下，人们始终在抢夺资源，不论物质资源，抑或心智资源。虽然我国高等教育的录取率从 1998 年的 33.86% 升至 2019 年的 88.74%，但 2020 年，我国 985 高校的录取率为 1.9%，211 大学的录取率为 5.2%。如此残酷的数字让人们断然将高考这件事认定为"一考定终身"，高考考不好便没有退路成了家长们的思维定式。人们更多地关注 985、211 高校的录取率，是因为就像《爱、金钱和孩子》这本书所提到的，教育回报率越高的地方，越容易出现鸡娃的现象。教育，本应是启发、唤醒、充盈，现在却变成了竞争。家庭教育，本应是陪伴、关爱、引导，现在却变为焦虑。竞争思维的唯一性特点使人们头脑中只有好与不好之分，只有敌对、没有合作，在这种情况下，人们永远焦虑着。家长盲目地给孩子报辅导班等"鸡娃"行为，与其说是家长在家庭教育中投入的体力与脑力劳动，不如说是一种情绪劳动。

第二，圈层封闭带来的评价标准单一。如果说资源有限给人类带来了必然的竞争，那么上层社会拥有最多资源的家长是否就不存在教育焦虑呢？答案是否定的。《我是个妈妈，我需要铂金包》这本书将美国上东区高学历贵妇妈妈们的焦虑揭示得淋漓尽致。为什么高知、多金的人也会陷入教育焦虑？一方面，欲望无限的人性本能使人从低级需求不断向高级需求迈进；另一方面，圈层文化内部的封闭使这一圈层的专属价值观以闭环形式自我发展，并成为评价内部人员的权力彰显。此时，主观性解释替代了客观性事实，即使孩子已经进入 985、211 高校，成为百里挑一的优秀人才，但家长还会因其不在北大或清华而远离幸福感与满足感。因为自己所在圈层的孩子均是常青藤名校或世界 500 强企业的，自己的孩子若各项外显性指标不符合圈层内部主流价值观，则依然被判定为失败者。正因为上层社会家长掌握的资源更多、更优质，孩子随之被认定必须更精英、更优秀。这种情况下，家长的压力可想而知。

第三，外部环境变化与思维模式固化产生的矛盾。自 20 世纪中后期以来，战乱结束，生产力大幅上升，整个世界都迎来快速发展、欣欣向荣之状态。生活在这个时代的人们拥有大量的机会，上升通道相对宽广，他们的后代也通常比自己生活得更好，形成代际的向上流动。在这种情况下，人们形成了"付出就有回报"与"长江后浪推前浪"的思维定式。但今天，生产力的变革不仅带来科技进步、现代化，也带来了现代性危机与高度不确定性、不可预测性的社会现实。当付出了却没有换来应有的回报时，人们就会产生自我怀疑，是否自己还可以更努力？如果已经接近努力的极限，便怀疑自身的能力是否够？进而产生焦虑。殊不知，均衡系统中，不可能每个家庭的下一代都比上一代更好，也不可能每一次付出都有回报，现实一些可以更释怀。

其实，在这场"内卷""焦虑"的困局中，孩子的教育问题并非学历竞争与资源抢夺的"零和博弈"，改变"竞争叙事"，尊重教育及成长的规律，或许比提供竞争的机会更重要。在探索"另一种教育可能"的道路上，孩子不是产品，而是生命。相比知识、排名，真实生活中，家长与孩子都是有血有肉、活生生的人，而非家庭关系中的符号。当家长与孩子一起面对、解决困难，发现某事物的魅力时，家长与孩子均体会到成就感，皆获得成长。在这个过程中，真正重要的是能够更细腻地感知、触碰这丰沛的世界，能够更深层次地洞见事物之本质，能够成熟地理解各种是非善恶等。而要做到这一点，人们只有以更开放和更包容的心境，而非竞争思维接受一切，这样的内心才可更加平静地欣赏到每一个生命的花开。

（作者单位：首都师范大学教育学院）

家长真正关切的该是什么

黄传慧

"亲爱的,你家孩子语文报的哪个辅导班啊……"下班回家的路上,女儿同学的妈妈打来电话,跟我聊了半个多小时关于报班、辅导孩子作业的各种问题,焦虑之情溢于言表。我安慰道:"放轻松点儿,咱们不能一直盯着她们啊!要慢慢放手。""不行啊!我要是不盯着,她作业肯定完不成;我要是不给她报培训班,她的成绩肯定就落下了"……

上个月,清华大学的刘瑜老师发表了《不确定的时代,教育的价值》的演讲,某微信公众号起了一个"引人注目"的标题《清华教授刘瑜:我的女儿正势不可挡地成为一个普通人》。然后,一位"海淀胖爸爸"站出来说《清华女教授对不起,我们普通人配不上你的大道理》。不谋而合,中国人民大学的储殷老师在一篇《没人告诉家长,教育是用来社会分层的!》的文章中发出了一位"中产爸爸"的怒吼——"我们今天的教育怎么了?教育改革喊了这么多年,学生的负担越来越重,家长的负担越来越重，社会的焦虑越来越明显……"

说实话，作为一个小学生的家长，面对当下的教育环境，理直气壮地说"我不焦虑"，或者佛系地说"静待花开"，是不可能的。面对孩子的成长，作为家长，我们真正焦虑的应该是什么？我们又该如何安放我们的焦虑？

据媒体报道，12 月 15 日北京交通大学一名大三学生跳楼身亡。曝光的遗书，其中的一段内容发人深省——"二十年来我坚信做题是唯一出人头地的途径，我因此放弃了其他的方向，使得做题成为我唯一而且是最为突出的优势，并且相信这是唯一的正途……"我身边也有类似的"伤仲永"的案例：我老家一位朋友的孩子也通过"不懈的努力"（只埋头学习不做其他与学习无关的事情）考上了清华，拿到通知书的时候，全家上下欢腾。结果这个学生进入大学脱离了高中期间天天被老师家长看管督促的环境，获得完全"自由"后，天天沉溺于电子游戏，结果导致最后科科亮红灯，入学一年后被学校劝退。我一位同学也给我讲了一个真实的故事，她同事的女儿考上了北大，大家都很羡慕她，后来这位同事说过一件事后大家就不再羡慕了——原来，这个女儿假期回家，给她妈妈带回一箱子没洗的内衣……

上面的 3 个例子虽然是个案，却让我清醒地认识到，作为家长，我们真正该焦虑的不是她没报哪个辅导班可能被落下；她没上哪个兴趣班，又被别人甩下了几条街。说实话，我也为孩子报了辅导班，但报的是她需要的且不需要我接送的。兴趣班我也报，报的是她感兴趣的且离家近的。因为在路程上的来回折腾只会增加我的时间成本焦虑。所以，我现在真正焦虑的是，在我能够陪伴她的有生之年，面对现在和将来一直会存在的不确定性，我该教给她些什么？

一天下午，接女儿回家的路上，女儿开心地对我说："妈妈，我数学考了100分！"我说："真的呀，太好了！"女儿高兴地说："妈妈，我发现我越来越喜欢数学了！"我也开心地说："我太高兴了！宝贝儿，你知道吗？妈妈高兴不是因为你考了100分，而是因为你喜欢上数学了！数学是最有意思的，特别是你冥思苦想终于解出答案的那一刻，真是人间最大的快乐……"女儿兴奋地说："妈妈，你说得太对了！我也是这种感觉！"……

所以，我也"鸡娃"，但"激"的不是她的分数，而是她对这门课程的热爱。因为一旦分数失去意义后，热爱仍能保持她对学习的兴趣，仍能让她找到学习的意义。所以，我焦虑的是，我们家长如何帮助引领孩子找到学习的意义、人生的价值。

每个周末，我和孩子都有一个"家庭电影院"的安排，一起看一部电影。今年国庆期间，我们一起观看了励志影片《摔跤吧！爸爸》。我想通过看这部电影，让孩子感悟一个道理——做事一定要有毅力，肯吃苦、肯付出；另一方面，我也想让女儿看到，生活不是只有作业，作业之外，我们还可以做自己喜欢的其他事情，让我们的生活更加丰富。所以，我们约定，她可以玩电子游戏（有时长限制），可以和同学约着出去玩（必须按时回家），可以吃垃圾食品（偶尔），可以发呆什么都不做……因为对孩子而言，玩过电子游戏了，感觉不过如此；吃过垃圾食品了，也就那味儿。

成长就是这样，家长越限制，孩子越渴望。而孩子一旦摆脱了家长的限制获得"自由"，就可能像被清华劝退的那个学生一样沉迷于电子游戏无法自拔。所以，我焦虑的是，我是否让她体验了生活的种种，是否让她学会了现在以及将来如何安排好自己的生活？

......

再回到文初所说的社会焦虑现状，特别是父母对于孩子教育的焦虑，因为如果整体的教育评价现状不改变，就很难让父母不焦虑。好在国家层面目前很重视这一问题，2020年10月，中共中央、国务院印发了《深化新时代教育评价改革总体方案》，针对现在"唯分数、唯升学、唯文凭、唯论文、唯帽子"的"五唯"痼疾，提出了"坚持科学有效，改进结果评价，强化过程评价，探索增值评价，健全综合评价"等教育评价原则，并对不同类型不同层次的教育评价工作进行了重点任务部署。正如清华大学谢维和老师所言，教育评价是教育发展的"牛鼻子"与"指挥棒"，是教育发展的"方向盘"，直接关系到科学的教育观、人才的成长观、社会的选人用人观。

作为父母，我们也应该静下心来理清我们真正焦虑的问题所在，并想办法安放我们的内心，遇到问题理性地起而行之。

（作者单位：北京联合大学师范学院）

话题 **5**

有趣有益，
让孩子动起来

　　著名教育家蔡元培先生曾说过："完美人格首在体育，运动不是别的，只是灵魂的操练。"养成终身运动习惯的人，往往拥有勇往直前的意志力、拥有遵守规则的意识。任何一个习惯的养成，都始于足下，始于眼前的每一个开始。抓住春暖花开的现在，赶紧和孩子一起制定明确的运动计划，动起来吧！

让运动唤醒大脑

李浩英

一说到"运动",绝大多数家长只能想到"强身健体",至于运动与大脑发育或者学习成绩有何关系,很多家长却不知道。

运动,提神又醒脑

美国曾有这样一项实验:芝加哥内帕维尔高中规定,每天 7 点到 7 点 40 分,学生到校的第一件事是选择自己喜欢的体育运动——跑步、跳绳、打篮球、踢足球都可以。除此之外,学校还统一要求学生运动时佩戴可以监测心跳和最大摄氧量的随身设备,只有达到一定的心跳数值或最大摄氧量的 70%,运动任务才算完成,学生才会被允许走进教室上课。

运动计划实行伊始,几乎遭受家长清一色的反对:"清晨最宝贵的时间不让孩子读书背诵,反而先去玩?""孩子本来就不愿意早起，迷迷糊糊爬起来，又疯玩 40 分钟，岂不是一进教室就会打瞌睡？"……然而，运动计划实施一个月后，家长们的态度发生了 180 度大转弯——相比之前一进学校就开始学习，运动后学生们上课的状态反而更好了。孩子们也表示，上课时头脑更清醒了，注意力、记忆力都提高了。不仅如此，老师们也反馈课堂氛围比以前更轻松、更有活力了。

接着，内帕维尔 203 学区普及推广了"零点体育课"计划，因为体育活动安排在"第一节"课之前，故而命名为"零"。研究人员们通过实验对比发现，参加"零点体育"的学生阅读理解能力提高了 17%，而参加标准体育课的学生阅读理解能力提高只有 10.7%，二者相差 6.3%。1999 年，在一项由 38 个国家的 23 万名学生参加的 TIMSS 考试中（TIMSS 项目是为了比较世界各国学生知识水平而设计的一种测试），内帕维尔 203 学区的学生在科学测试部分，获得了世界第一，学生的学习能力得到了全球化的肯定。

在美国加州也有一样研究证明了运动和学业成绩的正相关关系。研究员要求学生来回跑步，并测量他们身体的摄氧量。结果发现，学生的摄氧量越高，阅读能力、数学能力和学业成绩越好。由此显示，多做有氧运动并不妨碍学习，反而有助于提升学习表现。综合多项研究结果显示，在 4 到 18 岁的儿童中，运动量越多，各种认知功能，包括在感知、智商、语言和数学等范畴的表现越好。斯坦福大学的一项测验也发现，那些体能好的学生数学成绩高出全体的 67%，英文成绩也高出 45%。

多做运动有助于成绩提高，其原因在于我们的大脑中有一个神奇的指挥中心——运动皮层。摄氧量较高的人，通常脑部运动皮层也较为活跃。我们在进行有氧运动时，负责计划（前额）和协调（小脑）的部位活跃度较高，负责监察和侦测错误的大脑功能区也兴奋起来。同时，负责记忆的海马回区域的脑细胞数量也会随着运动量增加而增多。不仅如此，研究人员还发现有氧运动也会刺激脑部血管生长，提升大脑输送氧气养料的效率，这样就会增加有助于形成长时记忆的化学物质，能帮助我们把学习的内容巩固并储存起来。

有助于提高成绩的，还有人体分泌的三种神经传导物质：多巴胺、血清素和正肾上腺素。多巴胺是一种正向的情绪物质，能让人的情绪保持在快乐兴奋中，而运动可以分泌更多的多巴胺。血清素与情绪和记忆的关系更直接。血清素增加，记忆力提高，储存知识的效率随之加快。正肾上腺素和注意力的关系最密切，正肾上腺素分泌越多，注意力才会越强。

神经生理学家查尔斯·希尔曼曾说过："更强的体能等于更好的注意力。"体能强的学生大脑更活跃，注意力也更强。

运动，有助于塑造健全人格

运动对大脑的影响不仅体现在和学习成绩相关的注意力、记忆力上，还体现在神经网络的塑造上。

众所周知，大脑聪明与否，关键在于神经网络。大脑中的神经网络就像是四通八达的道路交通网，公路越宽，能同时并行的车辆越多，车速也越快。同样，神经越粗壮传递信息的容量和速度就越快、越灵敏，而运动能让大脑更年轻。

科学家很早就证明运动跟情绪有关。运动可以抑制大脑中杏仁核的活化，阻止负面情绪的出现，同时能让大脑分泌多巴胺，让人拥有正向的情绪。进化过程中，为了保障种族的生存，恐惧和担忧情绪带来的暴力性和攻击性是保障生存的本能。随着生活条件的改善和社会的和谐推进，如何让残留在人体内的暴力性和攻击性有适当的管道发泄出来？进行体育运动是最好的途径。所以，体育场上的攻击、碰撞、大喊大叫，都会让负面情绪在特定的场所、不伤己不害人的情况下得以合理释放。所以，运动是坏情绪宣泄的良好渠道。

另外，对注意力缺失和多动症的孩子来说，运动也是自我控制的"良药"。目前医生给多动症患者开的药，就是为增进大脑中多巴胺的量。如果通过运动让身体分泌多巴胺，就能避免使用药物的副作用。许多一线的治疗师都发现，武术、体操等需要大量注意力的运动对多动症的孩子非常有帮助。

著名教育家蔡元培先生曾说过："完美人格首在体育，运动不是别的，只是灵魂的操练。"无独有偶，南开大学创办人张伯苓校长也曾说过："不懂运动的校长，办不好一所学校。"柏拉图说："神让人进化的两种管道——教育和运动。教育，是人走出愚昧无知的管道，而运动，是人从平庸走向强大、突破自我的管道。"养成终身运动习惯的人，往往拥有勇往直前的意志力、拥有遵守规则的意识。

所以，家长们必须意识到，如果让孩子从早到晚都乖乖地坐在桌前学习，就等于剥夺了孩子训练大脑和提升能力的机会。也许家长会问，哪些运动会让大脑更聪明？答案是，不拘什么项目，只要动起来就好。如果非要得到关于运动种类的建议，我认为跑步、游泳、各种球类（羽毛球、乒乓球、篮球、网球、壁球、棒垒球等）等有氧运动都有助于摄氧量的提高，对于促进脑部运动区域的生长效果非常明显。

良好的运动习惯如何培养呢？我认为有两个要点：一是时间最好固定，任务非常明确且量化。计划越具体执行力越强。因为固定的时间和固定的运动量有助于四肢和内脏器官形成条件反射。比如，制定运动计划时，写下"每天6∶30小区内跑步4公里"，就比单纯只是模模糊糊写下"每天早起去跑步"更容易执行，也更容易坚持。二是运动量要科学合理。运动前热身，运动后拉伸，每次运动最少20分钟，心跳达到120以上。当然运动种类的选择和运动强度要因人而异。运动是一个连续的过程，科学合理，不要急功冒进，相信时间的力量。

最后，我想告诉家长的是，养成运动的好习惯，会让孩子受益终身。但是，任何一个习惯的养成，都始于足下，始于眼前的每一个开始。

（作者单位：北京师范大学中国教育与社会发展研究院）

运动兴趣的培养有方法

黄朝霞

有朋友在朋友圈中吐槽："我的孩子各科学习成绩名列前茅，唯独体育过不了关！愁死我了！"我认为，孩子之所以出现这种"不均衡发展"的原因：其一，平时学习生活中重知识轻体能；其二，家长没有培养孩子从小运动的习惯。

在家庭中，如何培养孩子养成运动习惯？结合我自己的育儿经历，分享以下几个关键点：

先寻找目标再培养兴趣。现在，中小学生的时间都很紧张，所以，家长为孩子选择一样运动项目需要根据自身的条件和环境，场地尤为重要。因为，合适的选择成为孩子未来能不能坚持下来的重要因素。其一，场地要方便孩子随时随地进行运动。其二，场地便于亲子齐上阵。任何运动从一开始都是具有挑战性且考验孩子体能的，选择大人可以陪练的场地，有助于让孩子坚持下来。比如，爱好篮球的爸爸带着孩子学篮球，孩子更容易学下去。

有了适合的项目，再来培养孩子的兴趣。兴趣是最好的老师，培养兴趣的过程中，更多的是鼓励欣赏，看到孩子运动过程中的认真和坚持。孩子还小，他自己开始不知什么是自己要的，在体验的过程中，因为好奇心可能样样他都觉得可以，但正式进入训练后，会有不一样的感受，比如若遇到严格的教练，孩子在体能上跟不上时会有不好的体验，继而想放弃。当孩子遇到困难或者坚持不下来的时候，家长要以"共情理解、欣赏、鼓励、将负能量转化成正能量"的交流方式，走进孩子的内心。当孩子做一样事情有正面的动力时就会爱上它并成为自己的兴趣了。

制定计划坚持行动。有了目标和兴趣，家长就要和孩子一起制定计划。起初，最好是从天计划到周计划到月计划，且计划是可以改动的。同时每天总结听听孩子的感受，允许孩子有改动的权利也是尊重孩子。计划的周期，要视孩子的年龄来定。计划制定后就是行动。在行动的过程中，家长要及时地看到孩子努力的过程，并加以认同鼓励。这种鼓励和结果没有关系，运动过程中，孩子的坚持和努力最重要。而且精神的鼓励优于物质鼓励，孩子的行为都需要被看到。

让孩子从同伴中寻求力量。不管多大的孩子都是需要团体氛围的，鼓励孩子去觉察队友每个人身上的精华而取之，同时结交更多的朋友。都说运动场上是哥们，有一群志同道合的运动发烧友，孩子会舍不得下场的。我家孩子坚持打球3年了，我今年才发现每周二去训练后准点有一个场地的大哥哥们在定点打羽毛球，他下课都会被邀约过去一起双打，这也成为他和大朋友们的默契之约，他能在球友的身上看到自己的进步和不足，也能被队友们鼓励和认同。队友带给孩子满满的自豪感和成就感。

　　总之，在孩子运动素养的培养上，家长不能急功近利，也不能放任不管。亲子陪伴加科学引导，孩子逐渐爱上运动，坚持下去就成了自己的生活习惯。

（作者单位：修远世纪教育咨询有限公司）

谷妈妈的鸡娃经不可学吗

贺春兰

2022 年北京冬奥会上，谷爱凌以两金一银的成绩精彩演绎了自己的冬奥首秀，亦因为在多方面表现出的优秀特质成为此次北京冬奥会中的顶流。但与此同时，一种焦虑情绪在朋友圈里滋生。很多爸爸妈妈慨叹：我们学不来。谷妈妈遂被奉为"海淀妈妈的天花板"。所谓学不来，主要指谷妈妈在谷爱凌身上所投入的巨大的精力和财力令一般人望尘莫及。确实！没有任何人的成功可以复制，即使遗传和成长环境相近的双胞胎，即使同一个人前后也难以复制同样的成功。但依笔者看来，就现有的报道来看，谷妈妈还是有很多育儿理念值得我们借鉴，而且也完全可以在不同程度上对我们的家庭教育产生启示。

鸡娃鸡什么

24 年前，谷爱凌母亲在接受采访的时候说："绝不要怀疑一小批有远见卓识和奉献精神的人可以改变世界。"而多年后，我们亦看到谷爱凌身上的使命感以及由这样的使命感所带来的强大的驱动力。在接受媒体采访时，谷爱凌说："我希望因为我的影响，更多女孩儿开始享受冰雪运动。"类似的心声谷爱凌在 12 岁的一则演讲视频中也有提到。我们不能不将其归因于母亲于谷爱凌日常生活中的点滴影响和浸润。

在日常生活的点点滴滴中，父母的一言一行无不对社会现象做着价值判断，从而对孩子的价值观和人生动力产生影响。在琐碎的生活日常中，孩子们会和我们分享学校里、师生间的故事，他们面对着种种开心和懊恼。对此，作为家长，我们如何评判，给孩子们强化什么价值，注入怎样的精神追求，一定会无声地影响到孩子们的选择。我们无法想象，一个两眼苍白、利欲熏心的父母能够助力孩子为人类社会作出奉献。

鸡娃还是鸡自己

曾有评论者带着酸溜溜的情绪评析道，谷爱凌的妈妈真会给女儿选择赛道。而我想我们要追问的是，具备给女儿选择赛道的能力恰恰是谷妈妈努力的结果，是她的底蕴和眼界所致。谷妈妈的眼界和奋斗经历提醒我们，作为父母，我们不能只顾着鸡娃，让孩子优秀而放弃自己的努力和成长。也正是在这个意义上，有论者说，谷爱凌的榜样效应可能开启中国鸡娃新时代。人们都说，父母是孩子的第一任老师，无论你的起点怎样，你奋斗的样子，一定会成为孩子的榜样而对孩子产生有形无形的激励。而父母亲的背景经验、眼界和视野，一个念想一个期待事实上都有可能影响孩子们走向远方。这几天，徐梦桃的故事同样刷屏，我们看到，作为此次北京冬奥会自由式滑雪女子空中技巧项目冠军的徐梦桃出身寒门，父母靠卖烤串为生，但就是这位父亲，因为自己是个体育迷，从而在徐梦桃玩耍时，发现了徐梦桃"具有非常好的柔韧性"这一天赋特质，并推举着徐梦桃开启了体育人生。

鸡娃怎么鸡

谷爱凌三岁起被妈妈带着开始了冰雪运动之旅，而当谷爱凌自己的梦想起航，谷妈妈的姿态则是，陪伴支持而不干预，建议而不强求，充分地尊重，将决策权留给孩子。谷爱凌敢担当敢决策的性格令公众印象深刻，有论者甚至称之为创新型人格。2022年北京冬奥会自由式滑雪女子大跳台决赛中，谷爱凌因为决赛时"第三跳"的大胆决策而夺冠。这个项目并非谷爱凌的优势项目，决策前，她给母亲打了电话，母亲审时度势，建议她采取能够保银牌的稳妥方案。但母亲最后讲了一句话，到底怎么做，你自己决定。于是谷爱凌自作主张，选择做了一个她平时训练都没有做过的高难度动作，最终成就了自己的第一块金牌。可以肯定的是，谷爱凌独立思考、敢于担当的决策力是在现实生活中一次次由母亲的放手所成就的。

类似的经历我们在同样被称为天才少年的苏翊鸣的成长中也能看到。苏翊鸣曾是个小童星，8岁接受采访时，他还说只想把滑雪当成业余爱好。可在北京奥运会申办成功后，面对举国狂欢，苏翊鸣在做演员和职业的滑雪运动员之间产生了动摇。这时候苏翊鸣的父母让他自己决策，"做你喜欢的"。苏翊鸣的父母还强调："无论如何选择，我们都支持你，但选择了，就不能半途放弃。"

我们看到，正是父母的尊重和放手，成就了两位少年敢于决断、勇于拼搏和自我负责的坚定坚持。当下双减的背景下，孩子有很多的时间还给了家庭，而倘若一个孩子的课余时间习惯性地被父母支配，我们无法相信这个孩子能够锤炼出独立负责的习惯和敢于担当的品格。

总之，每一个人都无法决定自己从哪里出发，个人和家庭的具体样子无法复制。但从谷爱凌和优秀的奥运健儿身上，我们确实可以看到兴趣、热爱、信念、拼搏、梦想所产生的巨大力量。而培植这些力量的正是家庭，或富有或贫穷，观冬奥健儿的成长经历，品谷妈妈们的教育理念，其实有很多东西我们作为普通人可以学习。

（作者单位：人民政协报教育周刊编辑部）

不设限更能收获精彩人生

贺春兰

多元发展促成整体优秀

"谷爱凌的多元优秀背后是否有科学依据？""从事多种类型的活动是否能够促进大脑的整体发育？""肯定会的。"十三届全国政协委员、著名神经外科专家顾建文结合自己的成长和研究经历回答记者。

"因为人类的大脑虽然有不同的分区，但其发展总体来说又是一体的。大脑皮层在高级认知中起着关键作用，如思考、记忆、计划、感知、语言和注意力。大脑有数百亿个神经元，一个神经元可以通过突触和很多神经元建立起或短或长的联网。有些联网可以跨脑区，从而促进多个脑区协同工作对外界做出反应。比如人在进行花样滑冰时，听觉、视觉、空间、运动等多个脑区互相联动，这样整个大脑的活跃度便会更高。而外界刺激会有利于神经元突触的发育。"顾建文介绍，大脑正是在执行不同任务中，通过和外部环境之间的相互作用，最终得到发展和重塑，就像肌肉会因为我们不断地锻炼而得到增强，大脑亿万个神经细胞的网络连接也会因为我们的不断使用而增强。"所以，当孩子们参加不同类型的活动，便能够让他们不同脑区的神经元被刺激、神经细胞突触增多而被强化，从而让整个大脑得到锻炼。而另一方面，人们做同一类型工作的时候，往往会牵涉到一个或几个脑区。在这些脑区兴奋的时候，另外一些脑区就在休息。这也就意味并不只是睡眠一种方式可以让大脑获得休息，不同任务之间的互相切换，也会让不同脑区和脑网络组交替休息。"

"老祖宗讲过一段话，用进废退。大脑就是这样。比如，我们很多人都有这样的体验，当遇到重大事件和挑战时，常常倦意全无，能调动自己的多个脑区兴奋起来快速反应以回应挑战。大脑其实是在运动中最受益的器官。在锻炼身体时，不仅心情好，你的注意力、记忆力、创造力和抗压能力也得到了锻炼，可以更快速地处理信息，这样就能迅速地思考，并让大脑资源获得更加合理的分配，学习的效率反而会更高。"

因此，顾建文建议一定要让孩子拥有多种体验，发展广泛的兴趣爱好和肢体运动。尤其在孩童时代，要多鼓励少限制，支持孩子多元探索，在人和自然、人和环境之间建立多种的快速应答和手眼配合。基于此，顾建文表示，自己很认同当前"双减政策"的精神导向，一定要减少功课负担，增加多种爱好特别是体育运动爱好。"孩子们在一定时间内会有所痴迷，只要是不过分、不上瘾便不要限制，要鼓励多种兴趣发展。"

多项任务必然要求时效管理

现实生活中，人们对顾建文的佩服，也不仅仅因为他是一位具有强烈社会责任感的全国政协委员；是一位成功的医院管理者，率领 3000 人的团队；是一位著名的神经外科专家，擅长显微神经外科等涉及大脑修复的精准外科治疗，更因为他能够在指挥、管理、临床和科研等多重任务之间穿梭自如。

顾建文每天 6 点准时到达办公室开始一天的工作，他介绍，自己非常重视规律作息，高度重视睡眠，他自述，正是有效的高质量睡眠和规律的作息方式让自己得以高效有序地交替完成不同任务。同时，顾建文介绍，自己非常强调时间管理，一个时间段干什么事儿，以半小时作为自己的时间管理单元。

"多项工作也还意味着要强化孩子进行目标管理、时效管理的观念。"顾建文特别强调，"家长要帮助孩子建立时间管理的概念，有时间意识，干事儿、工作便有了效率观念，于是也才可以形成多重任务切换。"顾建文说，如果从小能够养成在一个时间周期内，进行有限的目标管理的习惯，一次次习惯地在短时间内完成一件事儿，整个生命便可更高效。"一定时间，有序高效地完成有限目标。"顾建文强调，"只有这样，才能保障在有限的时间内完成多重目标获得多重体验。"回顾自己的小时候，顾建文说，母亲会要求生火蒸米这样的任务，只有这样的任务完成，才可以去做自己感兴趣的事儿，于是，便会想方设法用最少的时间去完成母亲交办的任务，以给自己的兴趣留下时间。现在想来，顾建文认为，母亲的做法其实就是一个设定有限时间内的目标要求。

问题导向、广泛探究

"其实，单个的好常常和整体的好是互相影响的，一个脑区的功能发挥也要以整体功能的系统发挥为前提。任何事物都是这样的，多重体验一定有利于大脑作为一个系统的发展和对环境的系统应答。"这样的理解也影响了顾建文对医院的管理。如今在医院管理上，顾建文支持医生们在一个领域不断钻研的同时，也还特别强调医生不能被固化在本专科领域，要有人体大综合诊疗观念，要有开阔的学术视野，兼顾了解融合其他领域。"否则，一个疾病治疗了，全身其他器官出了问题，那就不是一个全面称职的医生。"

作为神经外科医生，顾建文曾经一直梦想着要当建筑师，高考之前，画画和建筑的研修占据着他的日常大部分时间。然而，高考时被军医大学提前录取，从而在非第一志愿情况下学了医。而今天反观，顾建文发现，医学和建筑竟有异曲同工之妙，医学和其他学科也有着千丝万缕的联系，他除了临床工作之外，还从事生物医学工程和材料科学研究。业余，顾建文还喜欢摄影，他说，"摄影和医学手术之间其实也有联系，作为一名医生，你要随时具有精准聚焦图像的能力，同时在很多人关注下实施手术的心理素质。""无论成人还是孩子，都不要太多设限。"在顾建文的意识里，很少有专守本职专业、哪个专业不能碰的固化思维。"人们更要习惯基于问题导向开展广泛探究和不断创新的工作。""不论是脑科学本身的发展还是我自己的经历，我都认为，人要多样地去尝试和体验，以激活各种潜在的可能。用进废退，我们要尽量促进脑区的平衡发育和智力全面开发。"

（作者单位：人民政协报教育周刊编辑部）

Part **2**

以爱育爱

用孩子的逻辑，
化解孩子的情绪

近年来，因情绪问题引发的青少年成长中的悲剧屡见报端。情绪是什么？如何科学看待情绪？当家长被孩子气得火冒三丈时，家长该如何有效地调节自己的情绪？以下文章教会家长如何及时觉察、接纳孩子的情绪，从而引导孩子管理好情绪，成为情绪的主人。

揭开情绪的"面纱"

张惠娟

面对同样的问题挑战，有的孩子会以积极向上的姿态去应对，即便身处逆境也能坦然面对；而有的孩子却萎靡不振，被困难绊住了前进的脚步。

完全相同的温暖阳光，完全相同的忙碌清晨，昨天的你，脸上写满了疲惫、懊恼，工作中充满了挫败感；今天的你，则满心欢喜、工作高效并充满活力。

……

这些"表情画像"的背后，是什么在"施魔法"？北京师范大学心理学部教授林丹华表示，这其实都是我们内心情绪的外在表象。只有科学了解情绪本身，才能有效地管理控制情绪，打造健康阳光的人生。

了解：科学地认识情绪

什么是情绪？人为什么会有不同的情绪？情绪对我们的生活有什么样的影响？林丹华表示，情绪是人对外部事物和内心需要的主观体验。情绪直接影响儿童青少年的身心健康发展及每个人的幸福感。

林丹华介绍，情绪具有三种成分：生理、行为和认知成分。"比如，人在生气时，血压、心率都会发生变化；情绪通常伴随着可察觉的面部表情、说话时的语音语调、语速和体态表情等行为变化；而判断一个人的高兴、悲伤或生气等情绪需要考虑到具体情境和过去的经验等因素，这就是情绪的认知方面。"林丹华认为情绪是有机体适应生存和发展的一种重要手段。"情绪帮助儿童生存。比如危险的感觉驱使孩子给行驶着的三轮车让路；对水的恐惧让还不会游泳的儿童免于受到意外伤害等。同时，情绪为婴儿和成人的交流提供了第一种语言。对还不具备独立生存能力的婴儿而言，在他们学会说话之前，主要依赖情绪来传递信息，表达生理和心理的需要。饿了、不舒服时就会用哭来表达，愉悦时会微笑。情绪还有助于孩子去适应变化的环境，比如生气会鼓励儿童尝试克服困难，悲伤会使儿童有时间去适应失去和失望等。"林丹华建议家长要关注孩子在不同阶段的情绪，如果家长能敏感地觉察到孩子情绪的变化，从而及时满足不同年龄段孩子的生理和心理需要，就容易让孩子产生信任感和安全感，为亲子关系打下良好的基础，并促进孩子幸福感的提升。

"一提到'情绪'一词，人们往往比较关注消极情绪的影响，而容易忽视积极情绪对人发展的作用。"林丹华表示，情绪分为积极情绪和消极情绪。喜悦、感激、宁静、兴趣、希望、自豪、激励、敬佩、爱等都属于积极情绪；而忧愁、悲伤、愤怒、紧张、焦虑、痛苦、恐惧、憎恨等都属于消极情绪。若消极情绪过多，则会削弱我们自身的行动力和工作效率，甚至会导致拖延行为。积极的情绪则能够让我们全身心地欣赏周围的美好。

积极情绪有三个作用：第一，改变我们的思维方式，拓展、开阔我们的视野，让我们的生活更美好。比如，处于平和愉悦状态时，我们的心态会变得更开放从容，思维方式也变得有弹性，这种状态能促进团队协作，克服更多的困难，收获更多的美好。第二，积极情绪改变我们的未来。在个人层面，一个人在放松、平和的状态下，更容易看到或争取到积极的资源和力量。在家庭层面，能更多地看到孩子的优点，有利于亲子沟通。在社会层面，积极情绪有利于积极资源的建设，以更加理性、坚韧的视角全面地看待发展中的问题，让我们更能灵活、弹性地看待和战胜各种困难。第三，有助于抑制消极情绪。林丹华举例说，在今年三四月份，新冠肺炎疫情最严重的时候，有的人恐慌、恐惧，有的人则心存对白衣天使的感恩，理性乐观地做好自我防护，对生活充满希望。在林丹华看来，培养更多的积极情绪，就能有效抑制消极情绪带来的负面作用。

"生活给了我们消极情绪，但同时我们还要努力创造积极情绪。在心田里给孩子种下积极情绪的种子，未来的成长就多了欣欣向荣的希望。"林丹华表示，培养积极情绪，有助于打造融洽的人际关系，拥有和谐幸福的生活。但在我们的生活中，消极情绪也不都是一无是处。"心理学的经典研究发现，压力感知和工作效率成倒 U 型曲线的关系，当紧张和焦虑处在适中的水平时，最有利于人们发挥出良好的工作效率；而过低或过高的焦虑水平都不利于工作效率的发挥。因此，无论是考试、竞技比赛或日常工作，适度地紧张和焦虑更容易收到好的结果。"在林丹华看来，积极情绪和消极情绪，一个像加油键，一个像刹车键，在人生的跑道上，两者都要发挥作用。而只有辩证地处理好两者的关系，方能让我们保持在健康的状态。

方法：如何构建积极情绪

很多家长反映，很多孩子，尤其是处于青春期的孩子情绪"变幻无常"——无端发脾气，眼神中充满了敌意，甚至无法正常交流沟通……

当家长被孩子气得火冒三丈时，家长该如何有效地调节自己的情绪？林丹华给出"三步妙招"：第一步：及时觉察。家长首先要了解自己的状态，然后快速地接纳自己的情绪状态，告诉自己：亲子冲突是成长中的正常现象，是孩子发展中的正常现象。第二步：耐心接纳。家长要接纳自己的情绪，也要接纳孩子的情绪，允许孩子表达他自己的积极或消极情绪，做成长型家长。如果家长不能接纳孩子的情绪，遇到问题就大吼起来，结果只能是"不欢而散"。第三步：快速调节情绪。比如做深呼吸，心里默数"1、2、3"等，先给不良情绪按下"暂停键"，这样有助于将生理上即将爆发的负面情绪调节到可以承受的范围之内。待父母自己冷静之后再去跟孩子进行沟通，父母就会变得更有耐心，也更有助于问题的解决。这三步法也同样适用于提高孩子的情绪调节能力。

一个人管理情绪的能力反映出情商的水平。生活中，很多时候人因为情绪困扰而无法高效沟通。所以，林丹华建议每个人要学会用有效的方法调节自己的消极情绪，同时培育积极情绪，让积极情绪发挥更大的作用。

"积极情绪如何培养？"林丹华老师推荐家长及孩子一起记录"感恩日记"——

在一天即将结束的时候，坐在一个不被打扰的地方，让心灵宁静下来。然后盘点回忆一天的踪迹，细细品味生活中的美好，并用简短的话语记录一天内令自己感恩的人或者事。无论是一个微笑、一次触摸或一次拥抱，都是积极美好的元素。当然，除了感恩别人，最后还要感恩一下自己。即使今天一些事情处理得或许并不令自己满意，但我们也要感恩问题本身为我们提供了反思和学习的机会，同样也能为成长赋能。林丹华建议每天都记录感恩日记，但每次记录的时间不用长，5分钟即可，若能坚持下来，带着这种"仪式感"结束一天的工作，内心会更加稳定、愉悦、充实，也更容易进入深睡眠，长期坚持下来，这种积极情绪的种子就能开出身心健康的花朵。

除此之外，林丹华还推荐家长建立"积极情绪档案袋"。档案袋可分为宁静、感激、希望、爱等不同主题。"每天在入睡前，或者于一天中自己和孩子身心最宁静放松时，将这些积极美好的感觉写在卡片上，并放进不同的档案袋里。比如把感恩的人或事放入到感恩档案袋中。一周之后，再翻出来看看是哪些事情让自己感觉到了希望、感恩等积极的情绪。"林丹华说，这个活动也非常适用于亲子交流活动，父母和孩子一起重温过去一周的美好，彼此讲述分享那些希望、温暖的片段，这样非常有利于积极情绪的培育，从而促进和谐家庭的建设，让生活洒满阳光。

（作者原单位：人民政协报教育周刊编辑部）

做情绪管理型父母

刘朝莹

孩子发飙，家长该如何接招

"妈妈，我今天能去公园玩吗？""不行呀，现在是疫情防控期间，最好不随便出门。""不行，我就要出去玩，家里太无聊了，我就想要去玩。"

你是父母，会用什么方式回应呢？下面列出了四种方式。

A 类家长：孩子，在家里玩也挺好的，你看这么多玩具呢，多有意思呀。

B 类家长：想都别想，全国人民都在家里，你还想去玩？在屋里好好待着。

C 类家长：好吧，好吧，别哭了，我也憋得难受，要不咱们出去吧。

D 类家长：孩子，我知道你特别想出去玩，这么长时间待在家里确实有些无聊，妈妈也好希望疫情快点结束，咱们能痛快去玩。只是，现在我们还需要在家待一段时间，我们一起想想，在家里还能找出哪些好玩的事情来？

这四种回应方式代表着四种类型的父母：

A 类家长是忽视型父母。他们看重的不是如何理解孩子的情绪，而是如何尽快让孩子停止哭闹，安静下来。出于这种心理，家长会忽略或淡化孩子的情绪，尽可能回避。有时候还会嘲笑孩子的情绪："多大点事儿呀，值得这么哭闹。"

B 类家长是压抑型父母。他们也不重视孩子的情绪，把悲伤、生气与烦躁等情绪看作是坏情绪或负面情绪。压抑型家长比忽视型家长更严厉地批评孩子，把孩子负面情绪看成是错误的，会训斥甚至惩罚。"把眼泪收回去！"

C 类家长是放任型父母。他们包容和理解孩子的情绪，这点是好的，但是他们缺少了进一步的引导，任由孩子沉浸在情绪中，或任由孩子由着性子去做事，不能引导孩子从情绪中走出。"他要哭闹，我有什么办法？"

D 类家长是情绪管理型父母。他们接纳和包容孩子的情绪，同时会对孩子进行引导，划分明确的行为界限，引导孩子探索解决问题的方法。

家长要培养孩子的情绪管理能力

很多人一提到情绪，就觉得正面情绪还可以，负面情绪千万不要有，把负面情绪当做洪水猛兽。其实，所有情绪都是正常的，如何表达情绪和应对情绪需要能力、选择和衡量。

每个孩子都需要掌握与情绪共处的能力，所以，家长要做情绪管理型父母，培养孩子处理情绪的技能，提升孩子情绪管理的能力。

情绪管理型父母的优势是什么？

我们鼓励家长们做情绪管理型父母，因为这样的父母，对孩子的发展有极大好处：

• 能够觉察出孩子的情绪变化，及时做出回应，让孩子感觉到安全、感觉到受尊重。能觉察到孩子情绪的轻微变化，并做出回应。

• 避免情绪升级，在情绪轻微的时候，就能重视、引导、处理，这样孩子就不会继续哭闹，避免了情绪的升级和爆发。

• 情绪管理型父母能够帮助孩子学习情绪管理技巧，日后孩子可以用这些技巧做到自我安抚，自我情绪管理。

• 父母认可孩子的情绪，亲子矛盾就会减少，孩子会专注于处理自身情绪，而不是和父母对抗。

• 亲其师信其道，通过情绪管理的过程，父母与孩子亲子情感联结稳固，孩子愿意尊重父母，会更多地听从父母的建议。

情绪管理训练五部曲

对孩子进行情绪管理训练，有五个步骤，循序渐进地引导孩子，可以逐渐培养孩子管理情绪的能力，做个高情商的孩子。

觉察情绪。让孩子对情绪有正确识别，知道此时此刻处于什么情绪中。很多孩子感受到的情绪是比较混沌的，用发脾气的方式就表达出来了。

给情绪起个名字很重要，我家有个情绪图，一块磁铁可以把相应的情绪图框起来，孩子非常喜欢，当他生气的时候，就会把这块磁铁挪到生气或暴怒的位置，告诉我："妈妈，我现在要暴怒了。"我会拥抱他，和他聊聊发生了什么事。

寻找情绪扳机点。孩子的情绪突然爆发，是碰到了一些爆发点，就像扣响了手枪的扳机。父母应帮助孩子去识别这些扳机点。有一次，我和一个12岁的男孩做咨询，我们总结了他容易发火的情景，他发现了，好几次都是听到别人对他失望的表述。那么"失望"这个词就是他的扳机点。找到扳机点，就能增加对情绪的掌控感。

寻找最佳时机。把消极情绪的出现当作一个机会，这是学习情绪管理的好机会，这是孩子学习自我安慰的好机会。在那时，准备出一段时间，耐心地与孩子沟通，和孩子讨论情绪，讨论遇到的事情，经过这样的处理，亲子关系变得更亲密了。

但是，当父母急着上班，着急开会的时候，不要进行情绪管理训练，那时父母的心不够平静，很难好好倾听孩子。告诉孩子："妈妈理解你的情绪，但是妈妈现在要去上班，下班后咱们再聊聊。"

倾听与认可。有一次，我要出差，孩子很晚还不睡，我就没有管他，去收拾东西。就听到孩子跟爸爸说："后天是母亲节，妈妈要出差，不在家，我要赶快给妈妈准备出礼物来。"听得我眼泪差点掉下来，赶紧去对儿子表达感谢和歉意。

情绪一旦被听到，被认可，孩子就会从暴躁的小猫变成温顺的小猫了。用你的目光温柔地看着孩子，甚至可以抱着孩子，听他讲讲自己的苦恼。这时，孩子的情绪会迅速得到平复，恢复理智的一面。

家长要避免的是，一边玩手机一边心不在焉地听，或者一边听，一边脑子里想着工作的事情。面对家长这种"身在心不在"的状态，孩子会更加生气，情绪变得更激烈。

帮助孩子表达情绪。有个小朋友在家里，拿剪刀把妈妈的衣服剪得一缕一缕的，妈妈气得揍了他一顿。我引导家长去理解孩子的行为，他用这样的方式在表达什么？妈妈才意识到孩子是觉得妈妈太忙了，总是没有时间陪他，他剪了妈妈的衣服，妈妈就一定会过来和他聊天。

很多孩子只会用发脾气来表达情绪，而不会用确切的词语表达。情绪管理型父母需要帮助孩子用词语表达出情绪，或者用合适的方式表达。父母可以说："孩子，你是生气了吗？""你是嫉妒了吗？"这些词会让孩子学会新的表达情绪的方式。

设定边界，解决问题。认可孩子的情绪，并不代表可以让孩子随心所欲地去做事情，在行为上仍然需要给孩子划定一些界限：生气可以，但不能打人；悲伤可以，但不能不去上学。这样孩子会区分清楚，情绪可以被接受，行为可以调整。

然后和孩子协商出表达或安抚情绪的新的合适的方式，生气了，可以告诉对方："你不能再叫我的绰号了。""你弄坏了我的玩具，我很伤心，我希望你能修好它。"

通常，父母能走远，才能带孩子走得更远。一个准许自己发怒的母亲，才有可能准许儿子有同样的情绪；一个认可自己悲伤情绪的父亲，才有可能坐下来细细聆听女儿的悲伤。所以，要培养高情商的孩子，作为父母，我们也要好好照顾自己的情绪，把自己变成高情商的父母。

（作者单位：北京师范大学心理学部）

孩子爱发脾气，家长怎么办

申子姣

"只要不给买想要的玩具零食就生气，当街哭闹打滚！"

"作业题 2 分钟解不出来就开始急了，一说就开始抹眼泪！"

"只要约定的娱乐计划稍一被打乱，立马就发火闹腾！"

"一句话说不对，不是摔门出走就是把自己锁起来，赌起气来几天都不跟我们说话！"

……

家里有个爱发脾气的孩子，让很多家长都头疼不已。如果从心理需求的角度去理解孩子发脾气的原因，很多问题就可以迎刃而解。

发脾气提示心理需求未被满足

情绪本身并无对错，而是内在需求满足程度的信号灯。就像身体健康离不开均衡的营养一样，心理健康也离不开需求的满足与平衡。每个孩子都渴望被爱、被关注、被接纳、被尊重、被认可、能对别人有价值、能与别人产生联结，拥有安全感的同时，拥有一定的自主权。孩子所有好或不好的行为，其实都是为了满足这些基本的心理需求。

当孩子内心的需求得到满足时，他们就会体验到愉快、幸福等积极情绪，反之，若孩子的心理需求没能得到满足，就会产生愤怒、伤心、焦躁等消极的情绪。所以，如果想要帮助孩子学会管理自己的脾气，要从根本上帮助孩子学习合理满足自己的心理需求。

当孩子哭着闹着要家长给自己买爱吃的零食时，他想要的也许并不是食物本身，而是通过家长答应自己的要求感受到被爱被重视；当孩子倔强地表达朋友有的玩具自己也要有时，常常也是为了证明，自己像朋友一样被父母爱着宠着；当孩子无法正确解答难题时，他的伤心着急也并不只是在意作业是否完成，更担心自己是不是太笨，是不是很没用；当孩子听到家长因为工作没办法按计划陪伴自己时，他的痛点也许是爸爸妈妈爱工作超过爱他，他根本不重要；当孩子面对家长的冷落，表现得更为暴躁时，可能只是在用愤怒掩饰着被抛弃被放弃的恐惧；当孩子赌气不跟家长沟通时，常常是因为他没办法从家长的回应中感受到理解和尊重，反而会让他对自己更不满意，所以用空间的隔离来保护自己……

一个爱发脾气的孩子，内心渴望着更多来自家长的爱与关注，尊重与认可。当家长能够看到孩子发脾气背后的需求时，就不会再跟孩子纠缠事件本身的是非对错，而是直接回应孩子真正的需要，帮助孩子学会管理情绪，体验到更多的积极情绪。

耐心帮助孩子学会管理情绪

孩子发起脾气来，家长可以这样引导孩子管理好情绪：

保持自己的情绪稳定。家长首先要以温和的态度与孩子对话，用自己的平静涵容孩子的不满，给到孩子安全和表达的空间。

允许孩子情绪的表达。给孩子的情绪命名，表达你知道了他现在很生气（难过 / 愤怒 / 不满），允许他在不伤害自己和他人、不损坏物品的前提下，适当宣泄这份情绪。

澄清孩子的核心需求。家长在澄清孩子需求的过程，也是拉近与孩子距离的过程。"你希望我也可以给你买同样的东西。""你希望自己可以很聪明，轻松地解开难题。""你希望得到父母的陪伴。""你希望我们能理解你。"切记要以关怀和温暖的语气去回应，冰冷的语气反而会被孩子知觉为讽刺和伤害。

重申事先约定的规则。"我们说好了，每次只能买一样东西。""我们约定过，作业只要能独立完成就很好，慢一点也没关系。"如果想做好这一步，就需要平时与孩子定好规则，如果事先没有相关的约定，建议当下先满足孩子的需求，等双方情绪都平和的时候，把规则约定好，以便下次参照。

商定替代性的方案。教给孩子通过积极的行为来满足需求的方法，鼓励孩子用语言表达自己的想法，而不是用发脾气的方式由家长来猜，进一步提出延迟加倍满足、自主管理零花钱、更合理地安排学习娱乐时间等方案。

温和而坚定地坚持。如果孩子仍然在发脾气，则用温和的语调，看着孩子的眼睛，不断重复陈述替代性的方案，向孩子传达"你的需求我看到了，让我们用合理的方法来满足它"的信念。比如，"对不起，这次真的不能买，需要等到下周二"，直至孩子的情绪恢复稳定为止。这个过程最考验家长的耐力，但效果非常明显。当然，记得说话要算数哦！

情绪是内在世界的信使，传递着心理需求满足程度的信息。孩子发脾气，是在用情绪向家长表达自己的诉求。如果家长带着关心与好奇，接纳孩子的情绪表达，教孩子用语言表达自己的需要，并用合理的方式满足自己的期待，就能帮助孩子真正学会管理自己的情绪，成为情绪的主人。

（作者单位：北京师范大学心理健康教育与咨询中心）

如何唤醒
孩子的内驱力

内驱力是一个人能够坚定目标、克服困难、自主成长的内动力。然而，在现实中很多人终其一生都没有形成必要、足够的内驱力，仅凭外在的约束或激励来驱动自我，往往造成自我发展的不可持续和不稳定。怎样呵护、提升和维系孩子的内驱力，值得家长和教育工作者认真思考和探索。

孩子的成长内驱力该怎么培养

卢锋

内驱力在认知上的表现是孩子认为"我能""我有可能",而在缺乏内驱力的孩子身上,往往存在着觉得自己"没有能力""没有可能""没有资格"这些认知局限。当父母或教师像直升机一样天天盘旋在孩子周围,时时、处处紧盯着孩子,孩子就容易产生"我没有内驱力"的错觉;当父母或教师一味地批评、否定孩子,孩子就容易产生"我再怎么自觉都没有可能"的无奈;当父母或教师把考出好成绩、考上好大学看成是唯一的成功路径,认为"好成绩,才有好生活",孩子就容易觉得"我没有资格享受美好的人生""我哪有什么前途",造成孩子自身内驱力难以激发的遗憾。

培养孩子的内驱力,父母或教师首先要做的是避免给孩子造成局限性认知,要注意陪伴和批评的方式,不给孩子传递焦虑,不给孩子过大的压力,防止无形中扼杀和妨碍孩子内驱力的提升。要树立"成人比成才更重要""幸福比成功更重要""不仅今天走得快，更要明天走得远，而且每天过得好"等教育理念，注意和善而坚定的教育方式方法。其次，父母或教师要善于引导和干预学生已有的局限性认知，不遗余力地影响孩子打破妨碍自身成长的认知，让孩子看见未来希望、看见自我能力，看见发展可能，孩子的内驱系统才会被重新唤醒。

创造孩子的积极体验

内驱力在机制上的表现是孩子有获得感、自主感、价值感，孩子的内驱行为带来了积极的"奖赏体验"，这进一步强化了孩子对自身内驱力的确认与肯定，并为下一阶段的投入提供动力，形成良性循环。父母或教师要注重为孩子创造这种积极的体验。

创造掌控的体验。父母或教师要赋予孩子选择权，创造机会让孩子自主选择，并且尊重孩子的选择。除了会带来较大风险的人身、财产危险，父母或教师要赋予孩子决策的权利，参与制定规则，学会让孩子做主。比如玩多少时间游戏，什么时候写作业，去哪里游乐，购买什么商品，报什么兴趣班……当孩子有足够的选择空间，就会有自控感、参与感。需要强调的是，父母或教师在给予孩子选择权的同时，要温柔而有边界，敢于让孩子负起选择的责任，言出必行，如果孩子没有做到，必须要承担提前共同约定好的相应的代价。当孩子觉得自己的主张能够得到承认和执行，孩子就会体验到自己的掌控感和胜任力，这是内驱力形成的核心要素。

创造赢的体验。父母或教师要创造机会，让孩子觉得自己的选择和努力能够实现进步和超越，有赢的体验。内驱力本身不是目的，目的是自我成长和发展，如果孩子在内驱力作用下，总是体验输，那么这样的内驱力难以维系和提升。传统应试教育的一个弊端就在于很多学习成绩相对落后的学生体验到的往往是"输""失败""自卑"等负向体验，这对内驱力的形成是极大的伤害。反之，如果内驱力带来的是父母的肯定，同学的点赞，教师的鼓励，那么孩子的内驱力将会不断强化和提升。为孩子创造赢的体验，需要父母或教师采用赏识教育、积极语言，多用纵向比较，少用横向比较，多看见亮点，少挑些毛病，无限相信孩子，创造机会让孩子多做事，多做成事，帮助孩子悦纳自我、认同自我，看见自己的点滴进步。

赋能孩子的自我价值

内驱力在发展上的表现是"由外促内，以内为主，以外为辅"的阶段递进特点，在把孩子的内驱力激发和培养起来后，父母或教师的外驱助力系统要隐而不退，持续赋能孩子的自我价值——自信、自爱、自强等，培根固本，夯实孩子的内驱力。

在肯定中培养孩子自信。自信是内驱力的前提和结果，自信的人在困难面前常常会采取积极的态度，他们总能在过程中体验充实，在成果中得到满足。自信的基础是能力，而能力是需要被看见和确认的，父母或教师要善于抓住事实和细节，肯定孩子的已有能力，持续地培养孩子的自信。

在欣赏中培养孩子自爱。自爱是内驱力的保障和释放，自爱的孩子懂得珍惜生命、珍爱自己、保护自己。即使遭遇不幸或打击，自爱的孩子依然会接受自己、爱自己，及时地从挫折或伤痛中"走出来"，愿意自我成长，创造新的可能。父母或教师要认可孩子独一无二的、不可替代的价值，帮助孩子建立自爱。

在高要求中培养孩子自强。自强是内驱力的坚持和进步。自强的孩子敢于克服自己的弱点惰性，自觉抵制不良诱惑，敢于战胜自己、超越自己。父母或教师要善于引导孩子对自己提出高要求，"不放水""不躺平"，立大志、担大任，让孩子不断遇见更好的自己，成为一个内驱型成长的强者。

（作者单位：苏州市职业大学思政部）

把学习的责任与收获还给孩子自己

申子姣

孩子作为一个独立的个体，拥有自己的想法、感受、愿望和需要，要影响孩子的行为表现，需要更多看到孩子的内心世界。

在给出具体的解决方案之前，请家长们先思考这样一个问题：您是怎样知道孩子缺乏甚至没有"内驱力"的呢？您判断的标准是什么？答案可能有：孩子写作业特别拖拉，从不主动提学习的事，对于上学没有兴趣，甚至苦大仇深地不愿意去上学……但是这些就能说明孩子没有内驱力吗？可能未必见得。

从人本主义心理学的视角来看，每个孩子都有一颗追求向上的心。著名教育心理学家奥苏泊尔也提出，每个人都有学习的内驱力，并且进一步划分了学习内驱力的三种类型。一是认知的内驱力，即获得知识、技能以及发现问题与解决问题的需要，表现为孩子的求知欲、好奇心和探索精神。二是自我提高的内驱力，即把学业成就看作赢得社会地位的需要，表现为孩子的自尊心、自信心、荣誉感。三是附属的内驱力，即为了获得父母、老师或同学们的赞许和认可而努力的需要，表现为孩子的归属感。

　　那么，既然每个人都有学业的内驱力，不主动学习也并不代表没有内驱力。接下来需要家长们思考的是：是什么阻碍了您的孩子表现出积极主动的学习行为呢？通过努力学习，孩子有没有获得以上这些需要的满足呢？

　　比如，有的家长严格限制孩子学习课本以外知识的时间，限制了孩子认知需求的满足，给孩子留下一种被迫学习自己不感兴趣的知识的感觉；有的在表面上说"无所谓"的孩子，也不是不想成功，不想获得社会地位，而是害怕自己努力之后，仍然会因为没能取得好的成绩，而被看作不聪明的孩子，担心自尊心受到打击，宁可放弃努力；有的孩子本来是愿意学习的，但家长总是在自己开始行动之前，就不停地催促，反而给孩子增加了对学习的反感；对于有些成绩本来不错的孩子而言，在努力程度上其实也常有纠结，因为他们一方面享受着来自他人的认可，另一方面又很不喜欢自己取得的好成绩被当作家长炫耀的资本，因为这样会让他们觉得自己就像一个被展出的商品一样，让孩子感觉自己的学习更多是为了家长的面子，与自己无关。成绩被拿出来炫耀还会带来一种隐忧，就是"假如有一天，我没有了光鲜的成绩，就会一文不值"。

　　因此，家长们要在相信孩子本身就有内驱力的基础上，把学习的责任和收获，都还给孩子自己，在了解孩子状况的基础上，提供必要支持。

　　首先，家长要澄清责任，增强孩子的自主性。当家长对学习的态度比孩子更着急时，就会出现责任转移的现象，即孩子心理上会倾向于认为自己是为家长而学习的。家长看到孩子被动和拖拉时，自己要先冷静下来，往后退一步，让孩子认识到学习、写作业是他自己的事，写不完作业所造成的后果，也要由孩子自己来承担。

其次，把成功作为孩子的"自我奖励"。不在他人面前刻意炫耀孩子的成功，讽刺孩子的失败，而是真诚地陪孩子庆祝取得的进步，把成功的喜悦还给孩子，让孩子真切地感受到学习是他自己的事，满足孩子自我提高和归属的需求。不管孩子成绩好坏，都要强调最终的结果与过程中的努力都很重要，帮孩子一起看到在过程上的进步，卸下孩子"怕失败"的思想包袱。

再次，通过观察以及与孩子一起讨论，明确孩子遇到的具体困难，从而针对性地提供解决方案。如果是学业难度大，可能需要帮助孩子更好地理解所学的知识；如果是被其他的事情分心，就需要帮助孩子提供一个安静不被打扰的学习环境；如果是时间规划不科学，就要跟孩子一起制定更为科学的学习计划。

（作者单位：北京师范大学心理健康教育与咨询中心）

用爱唤醒孩子的内驱力

卢锋

每个生命都是一股向上、向善、向美的力量，但在很多时候，我们会常常听到父母评价自己的孩子"不上进、没出息、自私、叛逆……"其实，孩子的这些问题只是表象，不是真相。真相是生命向上、向善、向美的力量受到了阻碍，孩子的内驱力遭遇到外在的否定、伤害、忽视等，孩子会在"习得性无助"下选择"躺平"，或在"自暴自弃"下选择"叛逆"。

挫折是我们生命成长的一部分，生活的道路并不总是平坦，孩子的生命成长过程也一样，常常会遭遇阻碍、失利，难免会有挫折。挫折并不可怕，可怕的是对待"受挫折的人"的消极评价和态度。就像这个故事的作者回忆的，在她小学四年级的时候，语文老师对她的"恶语相向"，让她勇敢地跟老师唱反调！也让她产生了自己就是一个"敏感又勇敢的问题少女"的自我评价，导致她在当年四年级升五年级时，成为全班仅有的不能正常升班的三人之一。

这也是我们常常看到的，在多数孩子当下的教育生活中，充满着教育的挫折，而偏偏没有挫折的教育。在这个故事中，毫无疑问，作者是幸运的。她的妈妈成为她自我改变的动力，她回忆："我听到妈妈叫我吃饭，并告诉我，不管我学习有多差，只要我还愿意读书她就会一直供我读书。"这句朴实无华的话，让作者第一次感受到了生命中最温柔而坚定的支持，让她突然对好好读书有了渴望，至此开启了"逆袭"人生。除了母亲之外，她还感受到了她的哥哥、新班主任、朋友等的关心和爱护，都正像作者回忆到的，"爱，于我而言，就像可以穿透万物的光，最终驱动并点燃了我自身的能量"。

显然，对于内驱力的唤醒而言，爱的关系是必不可少的。从马斯洛的需求层次来看，每个人都有与生俱来的由低到高的发展需求，成为激励和指引个体发展的内驱力。其中，归属和爱的需要的满足，是个体自我发展需要的基础条件。从马克思主义哲学的唯物辩证法来看，内因是事物发展变化的根据，外因是事物发展变化的不可缺少的条件，内驱力的发展取决于主体自身的努力，但也离不开良好的外在成长环境，爱的关系对个体内驱力的唤醒和推动起着重大的作用。

这样的爱是无条件的接纳，是无限的信任，是无时无刻、源源不断的力量。这样的力量除了能给人带来巨大的归属感，也会给人带来极大的价值感，因为爱会让个体的努力变得有价值，会让个体的生命富有意义，从而激发个体的内驱型成长。当孩子找到学习的意义，苦就不再是苦，累就不再是累，学习是自我实现的过程，是创造价值的过程，当然可以是快乐而充实的。作者写道："人们常常以为孩子们的学习是辛苦的，孩子们的书包之重是难以承受的，我们又怎么能知道，如果在这个过程中让孩子自己赋予他成长的价值和意义，又何尝不是一种幸福？"

　　作为父母或教育工作者，我们要清楚地知道，我们无法主导孩子的人生，我们能做的就是要竭尽全力，给孩子施爱与赋能，唤醒他们的内驱力，纵使遭遇种种困难，依然会努力成为想要的自己，喜欢的自己。由此，我们才能和孩子们一起创造一段虽不能往复，但问心无愧，不留遗憾的人生旅程。

（作者单位：苏州市职业大学思政部）

话题 **8**

如何克服分离焦虑

———————————————————●

　　每一次搬家、升学、改变环境，孩子都需要经历一个适应过程。要帮助孩子提升适应能力，克服分离焦虑，家长首先要缓解自己的焦虑，提升对孩子有效适应的信心，才能更好地给予孩子支持。

提升孩子的适应力很重要

申子姣

孩子刚上幼儿园，每天到了上学的时间就哭着说不想去；搬家到更好的学区房，孩子却每天念叨着要找原来小区的朋友；孩子从小学升到初中，不像原先那么开朗活泼，变得闷闷不乐；孩子刚进大学，每周都要往家里打好几个电话，甚至提到想要退学回家……

孩子的以上种种表现，其实都是在进入一个不熟悉的新环境后，在完成心理适应的过程中出现的正常情况。每一次搬家、升学、改变环境，都需要经历一个适应过程。我们甚至可以说，生活当中发生任何意料之外甚至意料之内的变化，就像我们从计划怀孕到真正为人父母的过程中，或者计划好的假期安排却被一个突然下达的任务打乱时，都需要花一些时间和精力去作出心理和行为上的调整，让自己的表现与环境的需要达成新的平衡，完成适应的过程。

如何帮助孩子更好地适应新环境呢？这里为大家推荐提升心

理适应能力 4A 法：

第一步，觉察（Aware）。 当孩子进入，或者即将进入一个新的环境时，我们就要有意识地关注孩子的情绪或行为表现，通过观察和反馈，帮助孩子意识到自己身上发生的变化。通常，适应的过程总是会伴着一些不舒适的体验。就像一条金鱼尝试从小鱼缸跳入大鱼缸（从一个小而低的平台升到一个大而优的平台）过程中，可能会经历选择的纠结（该去小缸还是大缸），可能会怀念曾经生活过的鱼缸（对过去环境和习惯的留恋），可能会担心自己跳不进大鱼缸（对自己没有足够的能力，适应不了新环境的焦虑），可能需要使出比平时更大的力气才能跳起来（付出更多的努力才能完成任务），可能暂时无法呼吸（体验到压抑、郁闷的情绪），可能在入水的瞬间被水面打痛（在新环境中遭遇一些拒绝或打击），可能会见到比自己更大更强的鱼（体验到不如别人优秀的自卑）等等让人不舒服的感觉。帮助孩子增加对自己情绪和想法的觉察，意识到自己正在一个适应的过程中，而不是自己出了问题，本身就是解决适应问题的第一步，也有助于针对性地帮助孩子作出调整。

第二步，接纳（Accept）。 一是帮助孩子接纳客观上已经发生的事实和发生的变化，往前看而不是打退堂鼓，幻想回到原来的环境中。二是帮助孩子接纳自己觉察到的负面情绪，减少自责和内耗。比如，悲伤是因为怀念过去美好的环境，想念过去的玩伴；害怕是因为不知道在新的环境中会发生什么；孤独是因为疏远了原来的朋友。这些情绪都是我们内心感受的信使，都是正常的反应。家长也要尝试站在孩子的角度，去理解和接纳孩子的这些情绪，多倾听孩子在这些情绪下自己的想法，孩子讲出来被听到，情绪就会得到一定程度的平复，千万不要急于用讲道理甚至批评孩子的方式，逼迫他们迅速摆脱负面情绪。

第三步，分析（Analyze）。帮助孩子一起对新的环境进行分析和探索，制定行动方案。具体包括：帮助孩子看到进入这个新环境的价值，比如获得更好的资源，提升自己的能力，交到更好的朋友，激发孩子对新生活的向往；帮助孩子分解在新环境中遇到的挑战，比如分析学校和老师的要求，培养孩子在规则要求下行动的能力；帮助孩子看到自己的优势，树立正确的自我认识，不要因为遇到挫折就否定自己的能力；帮助孩子正确面对自己的不足，不轻易推卸责任，敢于改变和承担。

第四步，调整（Adjust）。根据分析的结果，主动采取行为去加快完成适应的过程。在这个过程中，帮助孩子建立多元支持网络将会很有帮助。比如邀请新小区的小朋友到家里做客，帮助孩子迅速交到新朋友，克服孤独感；举办班级同学的聚会活动，帮助孩子融入学校里的小圈子，提升归属感；帮孩子引荐更高年级的学长，运用过来人的经验帮助孩子树立信心，增添效能感。有的家长会传递给孩子"万事只能靠自己"的信念，会增加孩子在新环境中的压力和无助感。所以，教会孩子学会向家长、向老师、向同学朋友求助也是非常必要的，让孩子意识到哪怕遇到了困难，也有人可以帮他一起面对和解决。

当然，即使采用了4A的方法，不同孩子的适应速度仍然是有差异的。假如您的孩子适应新环境的速度比较慢，周期比较长，我们也很难靠催促来加速适应性的过程。同时，我也建议家长多一些自我反思，有时，当孩子进入新环境，面临新挑战时，家长的焦虑感比孩子还要更强一些，这种焦虑感也会导致孩子适应得更慢，甚至不敢太快适应！比如新手妈妈对于孩子即将上幼儿园的分离焦虑，常常比孩子还要强，孩子看到妈妈难过，自己自然也会难过更久；很多高三家长的家长，会比考生本身有更强的高考焦虑；相比孩子离家适应到外地的大学生活，很多家长要花更多时间适应空巢状态。所以，要帮助孩子提升适应能力，家长首先要运用 4A 法，缓解自己的焦虑，提升对孩子有效适应的信心，才能更好地给予孩子支持。

（作者单位：北京师范大学心理健康教育与咨询中心）

在日常生活中培养孩子的适应力

张惠娟

"妈妈，我们幼儿园的小马桶和小洗手池特别特别可爱。""妈妈，幼儿园的墙上也有我的照片。喝水的小水杯上也有我的照片，我一眼就认出来了。"……9 月 1 日，幼儿园开学第一天，我接到儿子后，他瞪着好奇的眼睛和我分享他的幼儿园见闻。

作为一名幼儿园小班的家长，同时作为一名教育工作者，我欣喜的是，儿子第一次离开家人去幼儿园，不但没有出现分离焦虑，反而对幼儿园生活充满了期待。我想，这可能是幼儿园和家庭在孩子入园前共同努力的结果。

入园前的准备：让孩子提前熟悉环境，产生情感联结

"Hi，大家好，我是陈老师，你们也可以叫我思思老师……"早在暑假里老师就在班级群中发来了她们精心录制的幼儿园生活

的小视频。我们和孩子一起观看，这让孩子们提前认识了自己的老师，也对幼儿园的环境有了初步的印象。

让我印象深刻的是，孩子对视频中的大滑梯和菜园子充满了好奇。从此以后，我们经常会讨论幼儿园的话题，孩子的心里就和幼儿园的一草一木产生了联结，他时不时地问我，"什么时候我才能滑幼儿园的大滑梯呢？""那个玉米长什么样了？"

除了话题中的"联结"，我也带他参加了一些幼儿园或者托管班举行的亲子体验活动，在做手工及师生的互动中，孩子知道了幼儿园有很多小伙伴，也有很多好玩的游戏活动。同时，我也给孩子讲关于幼儿园的绘本和故事，让孩子对幼儿园的生活有了直观的认知和体验。在做好了这些铺垫后，当 9 月 1 日开学时，一切都很自然地发生了。

在送儿子入园的第一天，在幼儿园门口，我拿起他的小手亲了一下说，"妈妈送给你一个'魔法亲亲'，这样妈妈的爱会一直跟着你哦。"他好奇地看着手心点点头。然后，我告诉他一会儿所有的小朋友都去幼儿园里和老师们做游戏，妈妈们都会在门口等着，等宝宝们做完游戏，一出来就能看到妈妈啦。他又点点头，然后很开心地迈入幼儿园。

孩子第一次进入幼儿园适应良好，首先，我认为是幼儿园在"入园适应"方面从孩子的角度做了精心的准备。在迎接孩子时，老师们先弯下腰来和孩子握手打招呼，之后，由一位大班的大哥哥牵着孩子的小手，送他们去各自的班级。我看到两个孩子貌似还一边走一边看着周边的环境在交流。不一会，一大一小两个背影消失在我的视线里，我内心对这个"迎新"环节大大地点赞，因为孩子和孩子之间是最容易交流沟通的，难怪他头也不回，就和大哥哥进班啦。

另外，我很认同幼儿园在入园之初对小班孩子的时间安排。第一周，幼儿园将小班的孩子分成了 AB 两个组，每组先送半天来适应幼儿园环境，这样便于老师和每个孩子进行深度互动。而半天的时间，也会让初入幼儿园的孩子满怀好奇，所以，身体上不会太累，心理上也不容易产生抵触想家等情绪问题。

入园后的互动：让美好的话题走进孩子生活中

第一天放学时，家长们准时来到指定地点接孩子。不一会，老师带着孩子们"开着小火车"出现在家长的视线中。我看到儿子在"小火车"的队伍中，情绪很平静，他看到妈妈后，并没有着急喊妈妈，而是站在队伍中，还冲我笑了笑。看得出，这第一次的集体游戏，孩子玩得很不错。

"妈妈，我们幼儿园还有小兔子，3 只呢，有灰色和白色的。""妈妈，我今天见到了一个大冬瓜，瓜皮上还长着毛毛呢"……开学第一周我接到孩子时，他都兴奋地告诉我在幼儿园的新发现。在描述瓜的大小时，他还将两个小手掌展开放在两个耳朵前比画着冬瓜的大个头。

回家路上，我们大手拉着小手，一边走一边聊着他在幼儿园的新见闻。看到路边的小野花，儿子顺手采了几枝，说回家插到瓶子里，看起来孩子在园的心情不错。夕阳下，柔和的光线映在孩子的脸上和小手里的花上，时光宁静而美好。

关于接送，我的体会是，对于前几天小班的孩子而言，家长最好早点去接，尽量让孩子在放学后第一时间能看到家长，这对初入幼儿园的孩子而言尤为关键，会加深孩子内心的安全感。

另外，在家庭生活中，家人们也要多自然地交流关于幼儿园的美好话题。开学初的每天放学后，老师们会在班级群分享孩子们在园的活动照片。我会将照片投影在电视大屏上，全家人带着仪式感来"欣赏大片"，并让孩子给我们介绍照片中的相关场景，"妈妈，这就是我们的班级，这是我在玩积木""这就是我们的滑梯呀"……看到家人这么关注、赞叹他的幼儿园，儿子的脸上溢满了骄傲。

就这样，开学第一周，"适应"这堂课就在我们的生活中自然地发生了。其实，生活中处处皆是教育，只要家长了解孩子的心理，并留心观察孩子，做好和老师们的配合工作，相信这个遇见，便是一切幸福的开始。只要家园携手，就能一起帮助孩子度过"分离焦虑"，让更多的美好自然而然地在孩子心中生长。

（作者原单位：人民政协报教育周刊编辑部）

保持平和心态，使孩子顺利完成入园适应

苏靖

我们曾看到各种家长焦虑的照片，每到孩子入园之时，各幼儿园门口都会上演一部部家长"躲猫猫"的惊险大片。这一幅幅画面不禁引发我们很多思考：孩子焦虑谁之过？如此焦虑的家长，往往会成为焦虑的制造者和传播者，家长会在不经意间，将自身的焦虑情绪传递给孩子。因此，在这里有两句话想说给家长听。

"每位妈妈（家长）都焦虑"——家长焦虑现象分析

第一句话，每位妈妈（家长）都焦虑。换言之，在孩子入园前后，家长出现各种焦虑紧张情绪是正常的。

从表面上看，孩子是家中的宝贝，从小到大，家长对孩子呵护有加。当孩子从被家长照顾到独立到一个陌生的集体中过集体

生活，势必会使家长顾虑重重，引发各种焦虑情绪。一位母亲甚至这样来形容孩子入园前后的焦虑情绪："经历了女儿上幼儿园的艰难过程，我曾大发感慨：人生所经历的最大考验莫过于出生、入园、退休和死亡了。我居然把上幼儿园和生与死等同看待，这也许有点儿夸大。但是作为母亲，我真的是如此深刻地体验到，一个还不太会说话甚至还拿不稳小饭勺的幼小生命，硬是被人把他从他依赖的母亲和家庭的怀抱里分离，让他只身一人到一个完全陌生的环境里去和那么多陌生人相处，所带给他的巨大恐惧与惊慌可想而知。"

从深层次看，一是家长没有认识到孩子本身所具有的巨大潜力，长期像老母鸡保护小鸡一样，对孩子倍加呵护，对孩子所具有的适应新环境的能力以及强大的学习能力缺乏足够认识和信任。究竟应该如何看待孩子，涉及儿童观、教育观的问题。儿童观是人们对儿童的看法，主要包括对儿童的社会地位和权益，儿童期的意义，儿童发展的形式和影响因素等问题的看法。教育行为就是我们所持有儿童观的产物。意大利瑞吉欧的创始人马拉古奇曾说过：每一个人心里都有一个儿童的形象。当你开始接触儿童时，这个形象就开始指引你了。那么，孩子是什么样的人呢？孩子不是传统观念里什么也不懂的人，他们是有着巨大发展潜能的人，是有能力、有自信的主动学习者。脑科学研究表明，学龄前儿童具有很强的可塑性。孩子的学习方式是最科学、最高效的。他们会启动身体所有的"窍门"，通过看、听、触、嗅、尝等全身心体验世界。孩子的潜在学习能力以及各种能力之间的和谐性，是我们成人远远想象不到，也无法企及的。有人说："如果说，大自然在人身上设置了100扇能力的窗口，那么，我们成人身上恐怕只有五六扇还是敞开的，其他的都关闭了，而孩子的窗口全部都是敞开的。这就是孩子与成人最大的不同。"总之，孩子具有很强的适应新环境的能力。家长的焦虑一是源于对孩子的学习潜力和适应能力不认知、不了解；二是源于家长对孩子在幼儿园的生活情况不了解。我的女儿在上幼儿园小托班时，有一次接孩子回家后，孩子的奶奶问她："你在幼儿园喝水了吗？"女儿回答："喝了一杯水。"奶奶听了女儿的话，立刻表现出一定程度的焦虑："怎么才喝一杯水啊？喝水少，会上火的。"老人之所以产生这种焦虑是源于老人家不了解幼儿园一日生活安排。按幼儿园的生活流程及一日安排，很多环节都有孩子喝水的安排。尤其小班孩子的喝水环节，负责保育的老师都会格外地关注与照护，督促孩子要喝足水。但由于老师在喝水环节可能会叮嘱孩子"要喝满满的一杯水"，而小班孩子具体形象思维突出的特点，致使孩子自己不会累加计算，只记住了老师说"要接满一杯水"，所以奶奶问"喝了多少水"时就出现了上面的情景。所以，在家长不了解幼儿在园生活，不了解儿童身心特点的情况下，再加上"偏听偏信"，产生各种焦虑和猜测也是在所难免的。

每个孩子都焦虑——孩子焦虑现象分析

第二句话，入园前后，每一个孩子都会或多或少，或轻或重出现不同程度的焦虑情绪也是正常的！

分离焦虑，是指幼儿与他所依附的人或最初照顾他的人分离时，表现出的烦躁、忧伤、紧张、恐慌、不安等情绪。在入园的问题上，具体表现为依恋亲人，不愿意入园。孩子从家庭走向幼儿园，生活环境的改变，教养方式的改变，使大多数孩子会感到种种不适应，以致引起生理、心理的诸多变化，出现入园焦虑现象。孩子出现焦虑恰恰说明孩子身心发展正常，焦虑表现是一种自我保护的正常反应，说明孩子对环境的变化有所反应，能够辨识、感知环境的变化，产生对陌生、危险环境的应急防御。相反，如果孩子不能够感知陌生环境的危险，如到了陌生环境中缺乏对自己行为的调节，有时反而容易把自己置于危险情境中。我曾经看到朋友的孩子，在小区里玩大型组合体育器械时，发现一个有把杆下滑的区域，竟然不能正确判断其危险性和不适宜性，径直冲上去……要不是大人及时一把抓住，孩子有可能会直接从中间的空隙处掉落下去。

为了减少入园焦虑，保证孩子顺利入园，请家长要努力调整心态，做个"三心二意"的家长

"三心"即保持平和心、家长要狠狠心、家人要一条心。

第一，保持一颗平和心。

家长的心态很重要，为了使孩子顺利入园，家长要克服自身的焦虑情绪，保持平和心态，因为家长的焦虑会影响孩子的适应进程。孩子入园过集体生活，有更多的机会与同龄伙伴一起生活、游戏和学习，能使孩子获得家庭生活无法取代的、有益于他们社会性发展的机会，这是一件对孩子发展十分有利的事情。此外，家长要努力克服自身的焦虑情绪，尽量看平、看淡，主动从

心理上进行积极地调整，不要把焦虑的情绪传递给孩子。

第二，要狠狠心。家长千万不要"三天打鱼，两天晒网"，妥协只意味着延长孩子不适应的时间。

第三，要一条心。首先，家庭成员之间要建立"攻守同盟"，态度一致。其次，要做到家庭与幼儿园要一致，因为家园好比一车两轮，必须同向行驶，才能促进孩子更好地发展。

"二意"是要心存爱意和谢意，努力传递正能量。

心存爱意，就是要耐心倾听，真心理解，鼓励强化。要注意让孩子在入园的问题上建立期盼感、归属感和安全感。比如，可以采取让孩子提前到幼儿园参观，看幼儿园小朋友快乐游戏的情景，使孩子产生一种即将入园的兴奋感。又如，通过带孩子到幼儿园参加活动，认识班上的小标识等，从而让孩子建立一种与幼儿园的亲近与连接，产生归属感。再如，用一种"特别保证"的方式，让孩子了解幼儿园与家庭之间的连接，切记不要用诸如"你再不听话，就把你送到幼儿园，让老师好好管管你"之类的话来吓唬孩子，使孩子从心里对入园产生抵触。

心存谢意，就是要感谢老师的付出，信任老师，多与幼儿园老师进行交流，多换位思考，而不是"偏听偏信"。

总之，在入园的问题上，作为家长，千万别低估了你的宝宝！同时，最大限度地相信自己的孩子和那些有着丰富经验的老师，是一剂能够真正使所有妈妈解除焦虑的良药。

（作者单位：北京教育科学研究院早期教育研究所）

常见入园适应问题如何解

张惠娟

对于学龄前阶段的孩子来说，在幼儿园吃得好、睡得好、玩得好，是家长最为关心的问题。面对家长在孩子入园适应方面的具体困惑，长期从事儿童品格与社会性教育的首都师范大学学前教育学院副教授夏婧老师给家长提出了一些具体的指导建议——

问题描述一：孩子最近不想去幼儿园，和老师沟通得知孩子不喜欢在幼儿园睡午觉，还哭。我担心长期下来睡眠不够影响孩子健康。该怎么引导？

——安安妈妈

指导建议：首先，家长要理解并宽慰孩子。可以试着这样对孩子说："妈妈知道你不想在幼儿园睡午觉，妈妈会告诉老师，让你闭上眼睛躺在床上就可以了！"让孩子知道家长是理解他的，千万不能逼着孩子睡；其次，在家培养孩子早睡早起的习惯。此外，家长在引导孩子的时候，也要注意方式技巧，要多运用正面引导的方式，比如告诉孩子"如果睡不着的时候，可以在心里唱一唱歌，想一想睡醒后做点什么？跟谁玩？还有妈妈之前讲过什么故事？"如果睡不着的话也可以动一动，换一个最舒服的姿势躺着。而不是一味地告诉孩子"躺在床上不能哭，不能说话，不许动"等。

  问题描述二：我女儿从小十分依恋自己的物品，比如，她需要抱着自己的玩偶熊或者盖自己的被子才能睡着。这几天去幼儿园也要带着自己的小熊。该怎么引导？

——然然妈妈

  指导建议：对于已经形成物品依恋的孩子，家长不必过分担心，要顺其自然，不能强迫孩子，家长要注意对孩子多陪伴，给孩子充分的安全感，帮助孩子逐渐从"依恋物"上转移，慢慢地，这些小习惯就会自然而然地消失了。同时，家长要多跟老师积极沟通，向老师介绍清楚孩子的睡眠习惯，并可以跟老师商量刚入园期间可以让孩子保持这样的习惯，等到适应幼儿园生活以后再慢慢调整。

  问题描述三：上幼儿园后，孩子每天早上醒来都哭闹不止，就是不想去。每次入园，得靠老师抱进去，结果孩子在里面哭，奶奶在外面哭。

——鸣鸣妈妈

指导建议：首先，在幼儿园接到孩子时可以这样说："一天没见到宝贝了，妈妈好想你，快亲亲吧。妈妈上班工作的时候都在不停地想念你呢！"但一定要注意后面不要加上："宝贝想妈妈吗？"这样误导孩子的语言。父母也不要不停地询问孩子："中午吃了多少？在幼儿园开心吗？"因为这样的问题，会引发孩子焦虑情绪。

其次，开学之初，家长尽量早点去接孩子。来接孩子时，家长先不要马上带孩子回家，可以在幼儿园周边多玩一会儿（如果条件允许，最好去幼儿园操场上）。当孩子玩得高兴时，如果需要回家了，家长要表示该回家了，并答应孩子明天再来玩。这样，孩子就会"怀念"在幼儿园玩耍时的情景，第二天会更加盼望着去幼儿园。

问题描述四：孩子不喜欢幼儿园的饭，自己也嚼不烂食物。可把我愁坏了！

——果果妈妈

指导建议：孩子刚入园时，情绪不稳定，食欲受影响是很正常的事情。另外，幼儿园饭菜的口味肯定与家里的不一样，这也会影响到一些味蕾比较敏感的孩子和容易挑食的孩子。家长可以尝试这样去做：首先，保持和幼儿园一样的饮食习惯。在规定的时间和地点吃饭，吃饭时不看电视、不玩玩具。其次，家长要放手让孩子自己吃饭，不追着孩子喂饭。第三，每次给孩子盛饭的时候，一次少盛一些，养成不剩饭的好习惯。同时还要尽量让孩子少吃零食。

问题描述五：孩子在幼儿园不合群，没有玩伴，回到家不开心，如何让孩子学会交朋友？

——阳阳妈妈

指导建议：确实会有这个现象。因为有的小朋友性格比较内向害羞，或者在家庭中，跟同龄的小伙伴交往的机会比较少，缺乏社会交往的策略和技能。如果孩子在幼儿园不合群，家长可以尝试带孩子去找邻居同龄的小朋友玩，慢慢地扩大孩子的交友范围，适应与人交往。同时，鼓励孩子在幼儿园里多交几个好朋友，请他们来家里玩，使孩子与小朋友之间相互熟悉起来，以便他们在园内友好地相处，这样会让孩子更好地适应人际交往。最后，家长也要经常和老师交换意见，引导孩子合理地表达自己的情绪，而不是用强迫、生硬的态度去命令孩子。

（作者原单位：人民政协报教育周刊编辑部）

教孩子
学会选择

在人生的旅途中，充满无数个岔路口。在每个岔路口，向左走，还是向右走？都面临着选择。很多孩子有选择困难症，究其原因，大多是因为家长包办的结果。会选择是一种能力。唯有让孩子参与选择，才能使孩子学会选择。

孩子在"学会选择"中长大

贺春兰

大学毕业的时候，我面对多个人生选择一度纠结、焦虑。正是从那时起，我意识到敢于选择、善于选择，选择之后敢于担当很重要。而今天的孩子们，需要面对日益多元化的社会现实，则更是需要学会选择。于是从女儿儿时起，我便有意识地培养她拥有"选择"的意识和能力。

在孩子高中毕业后的大学选择上，我发现，多年有意识的"选择意识养成"在她身上已经见效。

高中毕业时，女儿关于国外大学的申请还算顺畅，收到了多个品质优良的文理学院的录取通知书。女儿初选后剩下 A 和 B 两所学院待定。两所学院的口碑都很好，选 A 还是选 B，孩子面临抉择。A 学院排名靠前，是她曾经心仪的学院；B 学院有报道说是个很有个性的学院，曾因为不愿意被排名裹挟而主动退出了大学排名榜。

我于是特别请来了两位在高等教育方面有研究的好友帮助女

儿决策。记得那天女儿使用 PPT，首先作了一个小时的报告，围绕师资、学生发展、学习氛围、社团活动等方面，细说两学校的不同。两位好友认真听了之后给出建议，我和先生也都认同。大家都建议女儿上 A 学院。

但女儿除了感谢之外，没有回应，只说自己需要继续研究一下再决定。

半个月后的一天傍晚，女儿来电话告诉我们："爸爸妈妈，我又仔细看了些资料，也通过网络和一些毕业生做了交流。我还是决定去 B 学院了，咱们给学校回信吧。"语气温婉但坚定。

"为什么呢？"我追问。

"其实做出这个选择对我也是挺艰难的，A 学院本来是我的首选学校，可是当这两个学校摆在我面前时，包括听你们大家的很多建议之后，我在思考，我'究竟想成为一个什么样的人，——不论之后如何，今天 18 岁的我，希望按照自己的意志走自己的路——哪怕充满艰辛。'"电话那头，她很认真。

"啊？你想成为什么样的人？"我有些惊讶。

"我追求极致的学术体验。在这个点上，B 学院，就师生比等关键指标来看，更胜一筹。这个学院自己也宣称，'师生们在饭桌上都在谈学问'。我喜欢这样的感觉。就缺点来看，据介绍，有学生吸大麻，我自信我不会有问题。"

显然，在选择能力这个点上，女儿的成长已经超出了我的预期。

自孩子儿时起，我便有意识地将很多决策权交给孩子。比如，深秋晨起，她问："妈妈，穿棉裤吗？"我说："你自己判断。热了脱了，冷了穿上。"比如，去商场买衣服，我让她自己选，红的绿的，她自己喜欢就好。看来，这样"有意识地将选择权交付"的尝试对孩子产生了影响——她不仅仅勇于选择，还有整套的从价值观到路径的"选择方法论"。

从学校本身的选择来讲，确实，我们成人的多维考虑可能更有现实意义，比如学校排名，比如学校所在的城市，包括学校在知识传承之外是否拥有更开阔的视野。但 18 岁的她，正是需要梦想和热情驱动的年龄，正是应该拥有自己的热望和痴迷的时候。今天的她可以不被一种既定的标准和轨道裹挟，拥有更多的机会可以选择，也恰是时代的进步。而我们更在意的，是要特别保护女儿在这件事儿中所展现出来的"审慎调研、果断决策、勇敢担当"的"敢于选择"的特质。想到这些，我们坚定支持了孩子的选择。我在心里感慨，曾经的小不点儿长大了。正是伴随着一次次这样的选择，她将走出自己的人生。

（作者单位：人民政协报教育周刊编辑部）

让孩子学会主动选择

潘从红

平时在和家长交流的过程中，经常会有家长向我咨询这样的问题：

"特色体育课是应该选游泳呢，还是选羽毛球呢？""这周的名家大师进校园活动，让孩子去参加呢，还是不参加呢？""下周有个职业考察活动，正好与孩子的补习班课程冲突了，他应该参加哪一个呢？""孩子会长笛，小学时在学校民乐团，上初中后是参加好呢，还是不参加好呢？"……

正常情况下，孩子从小学开始，就要对自己面对的很多事物进行选择了。应该说，到了中学以后，他应该具备了一定的选择能力。可现实是，很多孩子并没有培养起这种能力！一个重要原因是，家长取而代之，剥夺了孩子的选择权。所以，面对选择时，我们看到了一个个茫然若失、不知所措的孩子。

还是从我女儿的选择说起吧。

女儿在开始学习音乐特长的时候，我们征求她的意见，想学哪一样乐器？孩子受当时热播的电视《西游记》中琵琶精的影响，说要学琵琶。我们愉快地答应了。因为我们深知，如果孩子没有兴趣，那一定不能学好。尤其对于只有 8 岁的女儿而言，兴趣对她的学习而言，是极为重要的。

因为是孩子的选择，所以在后来的琵琶学习中，孩子的兴趣度很高，在短短的 4 年时间里就完成了全部的琵琶考级，拿到了演奏级的证书。在日常的学习生活之余，孩子也会时不时地拿出她的琵琶弹奏一首名曲，一则放松了自己紧张的神经，二则营造了家庭和谐的氛围。让生活充满了诗意和美好！

在女儿高考结束填报志愿的时候，我们也是尊重她自己的意见，坚持专业第一，学校第二——选择她喜欢的最好的专业，把是否名校排在第二位。因为我们深知，这涉及她一辈子工作的幸福指数，学校的知名度给家长和孩子的"虚荣心"只能维持短短数月。在发展方向不是特别明确的时候，她最终选择了某大学的人文科学实验班，在不断深入的学习中，逐渐寻找自己的发展方向。经过一年的学习，她选定了兴趣较为浓厚的历史学，作为努力的方向。

但是，据我了解，很多孩子所做的选择，都是家长决定的结果。比如，家长认为孩子如果学音乐特长就应该学钢琴，或者小提琴，完全依靠自己的判断，根本没有考虑孩子的感受；甚至孩子要上大学填报志愿，也由家长决定，想当然地认为这个专业"挣钱多"，那个专业"没出路"，完全没有考虑孩子的专业兴趣。

在女儿中学时的课程选择上，我们也是充分尊重了孩子的决定。因为喜欢游泳选择过游泳课，因为喜欢中国女排而选择过排球课，因为喜欢民乐加入了学校民乐团，因为想尝试表演而选择了话剧《雷雨》……在一次次的选择中，不断地提升她的选择能力，提高她自己的判断水平。

与此同时，我们也看到，学校每次在选课的时候，总有很多家长，完全剥夺了孩子的选择权，自作主张代替孩子选择。家长的理由似乎也成立：如果孩子选择错误了怎么办？

有个简单的道理，想必大家都明白：如果孩子不自己参与选择，他怎么可能学会选择？他没有学会选择，他如何判断自己的选择就是错误的？事实上，孩子就是在选择的过程中，才能学会选择；就是在选择的过程中，才学会判断选择是否正确。退一步讲，即使孩子的选择是错误的，又有多少代价呢？这样的代价可能对孩子更有意义：他至少知道了以后遇到类似的问题，他能作出更为正确的选择。

孩子未来人生路上面临的选择很多，作为家长，在学习和活动中要有意识地予以培养。尊重孩子的兴趣，保障选择的方向适应孩子的需求；倾听孩子的心声，保障选择的过程得以流畅地推行；提供相应的建议，保障选择的结果科学合理且完善。

孩子不应该是被动执行的机器，而应该是主动选择的主人。让孩子学会选择是家庭教育的重要内容。

（作者单位：北京十一学校）

心随"需求"走

张兴赢

美国诗人罗伯特·弗罗斯特在《未选择的路》中写道:"一片树林里分出两条路,而我选择了人迹更少的一条,从此决定了我一生的道路。"

在人生的旅途中,充满无数个岔路口。在每个岔路口,向左走,还是向右走?都面临着选择。其中的某个或某些选择可能决定我们一生,我们如何通过选择找到让自己奋斗一生的事业?我曾为之思索。

年轻时,不妨多给自己几次选择

我出生在福建北部一个四季皆绿的小村庄。儿时的我,看到电视中北方冬天里充满童话色彩的厚厚的雪,深感惊喜。为了看看雪花的模样,我特别想去遥远的北方。1997年高考选志愿时,在地域上我毫不犹豫地选择了首都北京。由于从小语文不错，也一直喜欢"铁肩担道义，妙手著文章"的记者职业，所以我想报新闻专业。但是报志愿时我才知道，新闻属于文科，于是作为理科生的我，最后选择了北京航空航天大学材料学专业，并顺利被录取。

虽然读的材料学，但是大学里自由而浓郁的学习环境，并没有限制我对新闻的向往和热爱，在学好专业课的同时，我加入了学校系刊记者站，成为一名学生记者，用热爱写下多篇文章。

2001 年本科毕业时，出于内心对新闻的热爱，我了解到很多媒体单位对理工科人才也有需求，便向新华社、中国青年报社等几家媒体投了简历。让我惊喜的是，经过层层选拔，非新闻专业的我，竟然被新华社录取。

那时，我的家人和身边的老师以及朋友都希望我能够在本专业继续深造，所以当时我纠结了好一阵儿。但是，经过反复琢磨，最后我作出了一个让大家都很诧异的决定：放弃了新华社，也没有继续在本专业深造，而是跨学校跨专业报考了北京师范大学大气化学专业的研究生。

这"临门一脚"的选择并非任性之举，是我内心一种莫名的召唤。因为在北京求学的几年中，我虽然可以领略到冬季"燕山雪花大如席"的童话盛景，然而也被每年春季京城的黄沙漫卷给深深地"震撼"到了。面对着灰黄的天空，我曾不止一次地问自己：苍穹之下的小小尘埃，小到肉眼看不见，却能径直入侵五脏六腑。大到成霾至雾，茫茫一片遮天盖地……除了让大家维持生命的氧气外，大气里究竟还有哪些东西？又发生着怎样的化学变化？我们要进行怎样的科学研究，才能让空气更加洁净，以涵养我们生生不息的万物……就这样，在一次次的追问中，我已经对大气环境产生了浓厚的兴趣。

当时，国内大气化学研究领域的科研力量还很薄弱，社会也鲜为关注。但我隐隐感觉，大气环境问题将会成为制约我国未来可持续发展的一个重要因素。于是，强烈的好奇心促使我寻求同大气相关的专业和导师。经过搜索，我得知即将留美归国任教于北京师范大学大气环境研究中心的庄国顺教授是国际上大气化学研究领域赫赫有名的学者。于是，我几经周折通过当时还是"新生事物"的电子邮件联系到当时还在美国的庄老师。也算是命运的机缘巧合，后来我在庄老师的门下开启了 5 年的大气化学硕博连读求学之旅。

2006 年，我博士毕业。身边的同门学兄都在考虑出国深造，我一直孜孜以求地在国内寻找适合的岗位工作，幸运的是中国气象局国家卫星气象中心向我递来了橄榄枝。我当时心里还在纳闷儿：气象卫星似乎与大气化学也没什么关系，怎么会这么"爽快"地和我签约。后来得知，彼时的中国气象局已经在部署开展气象卫星大气环境的遥感监测前沿领域研究，而那时国内尚无科研院所培养"卫星遥感加大气成分"这样交叉学科的专业领域人才，所以准备引进大气化学专业人才来开拓交叉学科新领域。于是，在大气化学领域 5 年的科研积累为我顺利地开启了我国卫星气象领域的大门，从而得以扎根国家卫星气象中心卫星气象研究所，孜孜不倦地开展卫星遥感探测大气成分的前沿研究。

选择之后，就要一股脑儿扎进去

从 2001 年至今，我一直与大气"打交道"。"气溶胶颗粒物""臭氧""二氧化氮""二氧化硫""二氧化碳""甲烷"等成为我关注的高频词汇。而这 20 余年，也是我坚定地追逐梦想的一段旅程。

我刚参加工作时，大气环境研究是十分冷门的领域。入职两个月后，国家卫星气象中心成立了卫星大气成分遥感研究室，当时这个领域在国内尚属空白。面临这个全新的交叉学科，我也曾怀疑自己的职业选择是否正确。在那段迷茫期，一位年长的同事对我说的一句话让我至今受益。他说："年轻人要能坐得住冷板凳，耐得住寂寞，等若干年后当你看到曾经付出的心血得到实现的那一瞬间，你会觉得之前所有经历的苦难都是值得的，那种成就感是任何东西都没办法交换的。"

所以，经历了彷徨迷茫，最终我还是沉下心来，在少有人问津的新领域，默默无闻地开展着基础的前沿科学研究。由于出色的科研业绩，入职第二年，也即 2007 年底我被破格晋升为副研究员。也正是由于我在卫星遥感应用技术领域"初露头角"，在成为副研究员的同时，我得以兼任国际地球观测组织联合主席助理，这份"兼职"工作也同样得到了各方的一致认可，2009 年夏天我获得了去瑞士日内瓦国际地球观测组织总部工作的机会。当时，我正和科研团队紧锣密鼓地推进我国自主大气环境观测卫星的需求和技术指标论证。几经思考，我最终还是放弃了去联合国工作的机会，选择坚守在自己的科研岗位上，瞄准自己的目标继续潜心攻关。

就在同年年底，31 岁的我被任命为国家卫星气象中心卫星气象研究所副所长，开始带领团队领衔我国自主卫星大气成分遥感应用研究；3 年之后，也就是 2012 年年底我国中东部雾霾污染成为政府和百姓广为关注的焦点问题，而彼时我国相关政府部门还没有关于细颗粒物的地面监测业务，我和团队多年的科研积累在关键时刻派上了用场，在短短两周内拿出了第一张卫星的雾霾监测图，实现了对雾霾分布面积、污染程度的定量监测，同年我成为当年气象系统最年轻的研究员；2013 年 12 月，我从国家卫星气象中心卫星气象研究所调任遥感应用室，迅速实现了科研成果的业务化，从无到有建成了我国自主的卫星大气环境监测业务服务体系，为国家开展雾霾的监测和治理提供了宝贵的卫星监测数据支撑；2016 年，我国第一颗全球大气二氧化碳科学试验卫星成功发射，作为该星的应用首席科学家助理，在这颗卫星的立项研制和应用方面做了大量的工作；2017 年，我被任命为国家大气环境监测卫星工程应用系统的副总工程师；2018 年 5 月，我国第一颗具备全球大气主要污染气体探测能力的卫星——高分五号卫星成功发射，我带领团队利用这颗卫星监测评估了疫情防控以及复工复产对大气污染排放的影响，对政府科学认识大气污染排放规律和开展大气污染治理提供了重要科学依据；2022 年 4 月，我国成功发射了全球第一颗具备大气二氧化碳主动激光雷达探测能力的卫星——大气环境监测卫星；2022 年 5 月，我受邀作为中国代表在联合国世界气象组织的温室气体监测研讨会上作了大会报告，中国在卫星温室气体监测领域的前沿工作引起全球科学家的高度关注，世界气象组织专门给中国写来贺信……

如果说在旁人来看这是一种成功，那我认为秘诀在于没有鲜花和掌声的时候，我能够沉下来潜心钻研。因为科研需要一种持之以恒的精神，尤其是遇到挫折时的坚守。

热爱可抵岁月漫长

时移世易，当时走出象牙塔求职面试的我如今已经成长为招聘面试毕业生的考官，也有很多年轻人咨询我关于专业报考以及应聘面试等的问题。眼下也正是高考报志愿、大学生的就业季。结合自身经历，我想告诉青年学子们：大学期间，尤其是本科阶段的学习，其所涉的专业知识很浅，很多课程知识或许并不能直接应用，或者与毕业后从事的工作无太大关联，但是不管学什么专业，对某一项事业发自内心的热爱和认真的学习态度尤为重要。

当初，参加新华社招聘时，非新闻专业的我之所以能在众多科班新闻专业的竞争者中胜出，我自认为有两个原因：第一，我发自内心地热爱新闻专业，平时积累了扎实的文字功底并且有系刊的相关实践；第二，跨专业的背景，让我拥有了跨学科的新闻视角。记得当时新华社的笔试，除了理论考试，还有考验应聘者的新闻敏感性的现场考核。我对此充满了好奇，于是发挥我理科生的钻研劲，认真作答，最后顺利进入面试。而接到新华社的面试通知后，我又花了大量的时间来了解新华社的历史，我还在新闻学专业方面花了很多工夫。我认为，只有针对性地了解自己想应聘的岗位，才能高效率地利用好短暂的面试时间。所以，面试时，面对考官的题目，我娓娓道来地讲述我坐地铁时留意到的身边事物，以及材料学领域的新闻热点与研究前沿，我还谈及了自己对纳米材料的见解，这都让面试官耳目一新。面试顺利通过，我如愿以偿拿到了"国社"的接收函。

后来在北师大读博期间，我也高度重视对科研成果的凝练和总结，发表了多篇高质量的大气化学研究论文，在毕业前夕，还获邀在《人民日报》发表了关于我国大气环境的署名评论文章，这对一名学生而言是很难得的。而这背后，多年积淀的文字功底其实一直在滋养着我。

如今，我虽然从事了科研，离开了最初喜欢的新闻传播行业。但是，文字功底和写作素养一直成为我工作的"助推器"。2018年，我成为全国政协委员，履职5年来提交的所有参政议政提案，全部通过提案委员会的评审获得立案，也是非常难能可贵的。2020年，受新冠肺炎疫情影响，参与全国两会报道的记者大大减少。于是，在人民政协报策划的"特邀委员记者"行动中，我"应邀前来，也是主动而为"地成为出镜的特邀委员记者。于是每年两会在参政议政之余，我利用空隙时间开始拍摄和报道两会的一些真实画面，传递第一现场的委员声音。没有专业设备，没有采访稿，一切都靠临场发挥。而临场发挥的前提，是对采访对象和两会议题有较为详细的了解，并且具有较强的沟通能力，遇到不同职业的委员，也要聊不同的话题，凭着热爱和对国家大事以及新闻的敏锐，我在镜头面前也算是"游刃有余"，拍摄报道了大量两会现场新闻，今年两会闭幕式上拍摄的素材还成功"出圈"，在中央电视台新闻频道播出。委员们戏说我"比专业记者更有范儿"……就这样，从2020年到2022年，疫情防控背景下的全国两会期间，我担任了 3 年的"特邀委员记者"，也算圆了我年少时的记者梦。所以，我觉得新闻素养、文字功底这些能力其实会伴随一个人一生。因为一个人不管从事什么工作，具有良好的表达能力和深厚的文学功底，在任何职位上都是有益的。

"追风、听雨、减污降碳保民生；建言、资政、履职尽责护家国。热爱可抵岁月漫长，希望出走半生，归来仍是少年。"这是我对自己的白描。回顾所来径，兜兜转转一圈后，我发现，一个人只要永葆着内心的热爱，且随时随刻保持谦虚谨慎的学习态度，之前所积累的东西，总会换一种方式在我们的人生舞台中出场，让我们的生命"柳暗花明"。

（张兴赢，全国政协委员，国家卫星气象中心副主任、国家大气环境监测卫星工程应用系统副总师，研究员；本文为张兴赢口述，张惠娟采访整理）

如何对孩子
进行"生死教育"

泰戈尔诗曰:"生如夏花之绚烂,死如秋叶之静美。"生命有开始,就会有终结。近年来,随着儿童青少年一系列因漠视生命引发的成长悲剧,生死教育越来越应成为通识教育的重要内容。

死亡教育的意义和价值

路桂军

作为安宁疗护的从业医生，我们的工作场景就是天天面对生死，深知良好的生死观对于生命尽头的患者有多重要，对于一个生命个体有多重要。

中华文明凡事讲究善始善终。生命的善终有其必要条件：预先知道自己的死亡时间，并可正确面对；身体没有痛苦；心中了无挂碍而安详转身。可见，直面生死是善终的必要条件，完善的生死教育才能托起生命尽头的善终。由于受传统观念影响，死亡教育是我们生活中相对禁忌的话题，在教育体系中也是缺失的。这导致很多患者在生命尽头的很多困惑和遗憾无法释怀。因此，我呼吁在高校开设死亡教育的通识课程，多维度加大社会对死亡的科学理解。

面向公众的死亡教育，哪方面的内容最需要科普？

我想我们需要从传统文化入手，理解死亡的文化内涵。"死"和"亡"在字面上的含义是不一样的。"死"是指安静、静止、不再有生机和活力，而"亡"特指被忘记。结合临床实践，我们发现生命尽头的患者更多不怕"死"而怕"亡",生前针对不会被忘记所做的工作都会大大降解患者对死亡的难以释怀,我想这也就是逝后碑文上常常铭刻万古流芳的意义所在。其次死亡一定是个多维度的文化事件,不同视角对死亡的认知常能引导我们从不同角度理性应对:生物学的理解就是呼吸心跳的停止,如字面的理解,"死,离也",永远地离开;心理层面的死亡特指对死亡事件的理解和与之产生的情绪反应;哲学层面的死亡"死亡是一体两面,没有生就没有死,没有死就没有生";社会学角度的死亡就是身份的结束和关系的终了。另外死亡本身也是有特征的:具有普遍性的、有原因的、不可逆的、无机能的。有了以上对死亡内涵的理解,无论是患者和家属还是医务人员都能找出困扰生死的点,进而针对性地做工作才可能让善终成为可能。

对死亡世界相关知识的科普,重在消除黑暗的死亡恐惧。面对死亡人类会本能地出现恐惧,其根源来自对死亡世界的无知,所以迫切地想知道死亡是怎样的一个过程。其实对于死亡的过程,人类经过几百万年的进化,有其固定的流程:一般接近临终的患者,首先丧失的是味觉和嗅觉,就是原来特别喜欢吃的东西不太喜欢吃,不再有这种进食的需求。之所以会出现这样的情况,是因为机体接近衰竭的时候,各脏器功能逐渐退出舞台,具体到胃肠道功能也会进一步衰弱,不再消化吸收。这个时候,如果按健康人投喂食物,就会出现恶心呕吐;机体进一步衰竭,循环系统为了保证重要脏器的供血,末梢循环相对会衰竭,出现四肢的湿冷。然后其他脏器功能也逐渐退出,大脑进行性缺氧会出现困倦、嗜睡,逐渐会在睡眠中离世。在机体逐渐走向衰竭的过程中,如果我们一厢情愿补入过多的食物和液体,各重要脏器不但不能吸收,反而会成为负担，会出现各种肿胀，使得患者更为痛苦。一切顺势而为，在充分了解的前提下理性决策才能促成生命尽头的完整。

重视科技和人文的医疗教育，让生命完整善终。知道了生物个体死亡的普遍性，我们就不会渴求现代的医疗技术，把死亡归咎于医疗技术的失败。在疾病终末期，再没有一个技术可以返老还童，再也没有一种药物可以让其重返健康，在这个过程中，医疗技术必然显得苍白，重要的是我们适时彰显人文关怀。现代医疗并不是纯科技体现的，医疗应该等于科技加人文，在患病早期，我们可以用科技为生命平添时日，疾病末期，我们要用人文为生命赋予意义，只有科技与人文相结合才能赋予人生的完整和善终。

科学正面地引导，理性直面生死。从我们社会层面来说，目前的期刊、各种媒体，经常有各种死亡画面充斥我们的视野，我们看到的死亡画面往往是风雨大作、雷电交加、秋风萧瑟，或者是以惩罚的方式再现死亡场景，更有死后大快人心之说——我们的文化承载的死亡是以恐惧和惩罚的方式体现的，而真实的死亡不该是这样，生活中有太多的转身是圆满的。生命教育就是要做这样的正面引导，只有这样才能让人能够有勇气去直面生死，妥善处理生前身后诸事。

我想关于死亡的教育并不是让人可以了却生死，而是当死亡来临的时候，多一份理性，少一份慌恐。可以从容面对，理性地处理各种未完心愿；可以和自己的世界道爱、道谢、道别、道歉，最终寻求到永恒的生命意义与价值，并在不断超越和整合中达到平安的感受，就是我们中华文明所期待的逝者安详、生者安宁、环境平安顺遂。

（作者单位：清华大学附属北京清华长庚医院）

"死亡教育"：不同阶段不同方式

张权力

有一位 96 岁的老人去医院检查后，非要医院给个说法。医生只好实话实说："您可能不行了。"老人火冒三丈，要打医生："说话不吉利！"

一位领导干部，好喝酒，犯两回病都被抢救回来了。第三次犯病，没救回来，死了。其儿子不依不饶，找医生大闹："他怎么会死呢？我从没想过我爸会死！"医生说："你怎么会从没想过你爸会死呢？不管你爸是谁，你都应该知道，他总有一天会死。医学治疗是帮助我们生理机能恢复正常的手段之一，但是医学治疗不能免除我们生命的死亡。"

……

在注重生生不息的中国文化传统中，成人对"死亡"的话题一直讳莫如深。在儿童的教育成长生活中，这个话题更是个禁忌。实际上，由于缺乏正面的教育引导，儿童会从其他途径获得对死亡的错误认知，这不利于儿童的健康成长。如果缺乏死亡意识，一些人可能会产生"我会一直活着"的幻觉。而拥有这种幻觉，个体就会对生活中的死亡现象察而不觉，甚至认为，死亡不仅离自己很遥远，而且离自己的家人和朋友也很遥远。但是，死亡无论是对个体还是群体都是必将发生的事实。我们每天都在一步步接近死亡，所以我们要正视它，并做好准备接受它。

合理地应对死亡恐惧和死亡焦虑是儿童心理发展任务之一。面对儿童关于死亡话题的好奇与提问，成人如何对孩子给予科学合理的引导？科学引导孩子，成人首先要对死亡意识发展阶段有科学的认识，并据此选择相应的策略。个体死亡意识的发展是个体面对死亡由惊慌失措到理性应对的过程，笔者结合多年的教育教学经验，将死亡意识大致经历的五个阶段进行归纳分析并对家长提出指导建议。

死亡发现：从他者的死亡事件中发现死亡事实
应对指南：不建议超前讲解和过度讲解

先分享一位学生的真实经历：我和表弟从小关系就很好，特别是上初中后，我们一起上学放学，几乎形影不离。记得一次，我和表弟一起去他们家，打算看动画片。但到他家时，家里有很多人在看其他电视剧。表弟走到电视跟前，调换了频道。一向性格暴躁的姑父当着很多人的面，呵斥并打了表弟一耳光。我离开他家后没几天，表弟和家人拌嘴后就自杀了。这是我第一次直接面对最亲密同伴的离去，而且永远不会再见。我痛哭了好几天。母亲心疼地安慰我："每一个人都会死的，不要难过了。"

　　儿童青少年对死亡发现的情境包括动画影视中的战斗、宠物意外丧生、亲人葬礼中的死亡、同伴的死亡、亲人的死亡等。一般而言，与自己关系密切的个体或宠物的离世会让儿童青少年获得直接的死亡经验。它给他们留下死亡会带来悲伤、恐惧等印象，但不一定会让儿童青少年意识到死亡必然会降临到自己身上。

　　处于死亡发现阶段的孩子，对死亡的感知是死亡即意味着分离，分离意味着不舍和痛苦。因此，此阶段儿童不愿意接受亲人会死亡的事实。但随着成长，儿童早晚会发现死亡的真相。所以，父母不能回避死亡现象和死亡主题；但是，鉴于孩子的智力发展水平，家长对死亡现象进行解释要以孩子能够理解的语言和方式。不建议超前讲解和过度讲解，因为超前和过度讲解可能会给孩子带来对死亡的恐惧。

死亡恐惧：认识到死亡必然会降临到自身
应对指南：用爱为生命成长提供力量

　　"至今我仍然清楚地记得，自己第一次真正理解'我迟早会死'这句话的情形。当时我大概 10 岁……在一片黑暗之中，我突然从床上坐起来：我也会死去！正是这个念头触动了我，不断地在我的脑海中刺激着我！我无处可逃！……这是一件多么怪异、多么可怕、多么危险、多么难以理解，同时又是多么彻彻底底个人化的事儿啊！……面对死亡，我们究竟恐惧什么？"这是哲学家费尔南多·萨瓦特尔所分享的死亡恐惧。

当儿童将死亡发现应用到自身时，就会认识到死亡必然会发生在自己身上，这会让儿童感到害怕，所以死亡恐惧便开始出现。

调研发现，儿童所恐惧的对象如下：自己未来毁灭的恐惧；再也不能复活的恐惧；感官意识丧失的恐惧；与亲人分离的恐惧；在死后世界遭遇痛苦的恐惧；肉体毁灭的恐惧。

处于此阶段的儿童，所恐惧的对象更多指向与亲人的分离、肉体的毁灭、感官意识的丧失等这些与身体体验和情感体验关联的想象行为。只要儿童想到死亡将降临到自身时，死亡恐惧也可能会瞬间放大，甚至由此郁郁寡欢。因此，儿童的死亡恐惧不应该被反复激活，也不应该轻易尝试脱敏训练。父母需要警惕的是，在此阶段，生和死两种力量就如同阴阳两极进入儿童以后的生命成长全过程中。若缺乏死亡意识教育，无论儿童或成人都可能会习得错误的死亡恐惧应对方式：否认死亡和回避死亡，都会带来不良后果。比如，将宗教或神话中永生不死的传说套用在自己身上，从而否认自身必定死亡的事实。这会导致儿童拥有错误的死亡认知，儿童可能会认为自己有不死之身或者可以重生，从而导致儿童珍惜自我生命这一本能的弱化；回避死亡，将死亡恐惧意识压抑进无意识状态或推迟到遥远的未来。而随着儿童面对死亡现象的机会增加，一旦儿童的死亡恐惧被再次触发，儿童的死亡恐惧会更加严重，对正常生活的影响也更强烈。

对儿童青少年进行死亡意识教育，家长一方面需要帮助他们应对死亡恐惧；另一方面需要积极培育他们生命中趋向生的力量，在生与死两种力量的对比中，使积极向生的力量强于放弃生命的力量。常见的策略是：在不否认和回避死亡的基础上，父母要用爱、尊重、支持、关心等为孩子的生命成长提供力量，以生命之宝贵对抗死亡之恐惧，对抗自杀或自伤行为。

而成人可以在心理专家的指导下，通过进行针对性的脱敏训练来对抗死亡恐惧。当然，也需要用爱、尊重、支持、关心等为他们生命成长提供力量，但更强调对他们进行生命意义灌注、生命价值引导等。

以下是一名大学生分享的生病住院后感知生命宝贵的案例：可怕的事情最终还是发生了。半夜时分我的胃部疼如刀绞，连呼吸都也有些困难。医院的诊治结果是胃穿孔……第一次经历如此大灾难，我庆幸手术后我还能活着。手术醒来后，看到母亲、哥哥和妹妹，能再见到他们，真的很高兴……住院期间，很多同学去医院探望我，有的甚至去了好几次。在家休养期间，亲戚、邻居也都过来探望。第一次感觉活着真好，有那么多人爱和关心自己。

死亡焦虑：认识到死亡终将会降临到自身
应对指南：引导孩子合理规划有意义的人生

心理学家认为死亡恐惧阶段，人有明确的恐惧对象，而在死亡焦虑阶段却没有。人们知道"死亡终将会降临到我们自身"这个事实，于是，便会产生"生命有限仅有一次"的感觉，死亡焦虑便泛化为人生意义的焦虑。这种状态下，人体内生和死两种力量的对比随时会发生变化。这也告诉我们，应对死亡焦虑及其泛化后的人生意义焦虑，是多么地迫切和重要。

若对死亡焦虑应对失当，会让人们感到生命意义匮乏，表现为选择过一种得过且过、随波逐流的生活。严重的话，会让人们产生生命虚无感，可能导致放弃生命。

帮助儿童应对死亡焦虑的首要原则是，在不否认死亡最终降临、人的生命有限的前提下，对孩子开展生命教育，让孩子明晰生命的本质和意义。

其次，增强孩子对家庭的归属感。父母要营造和谐、温暖的家庭氛围，让孩子感到家庭是爱的港湾，是他们遭遇挫折后的避风港。

家长对孩子饱含着爱的话语，效力是永远有力量的。且看一位网友分享的案例——

小时候，我问母亲："我的宝物，是这个彩色的弹珠，妈妈你的呢？"她回答说："我的宝物啊，是你哦。"当我长大成人步入社会后，母亲去世了。当遇到挫折甚至想放弃自我的时候，我都会想："我怎么能死啊，我可是妈妈的宝物啊……"

面对死亡焦虑泛化而成的人生意义焦虑，作为父母最为关键的是引导儿童合理规划人生。合理规划人生是应对死亡焦虑的基本立足点。其次，父母指导并帮助孩子在当下生活中获得成就感。当下生活的成就感，可以有效减轻儿童的死亡焦虑和意义焦虑。儿童的当下生活是他们自己切身感知的对象，要支持儿童在应对当下的家庭、学校、社会的挑战中，树立信心、积累成功，获取成就感。另外，应对儿童当下生活的意义匮乏，要引导儿童从积极的视角和长远的眼光看待当前的生活意义困境，尽可能地让儿童自己赋予其当下所处阶段以意义和价值，帮助儿童建立生命意义体系。

死亡反省：从安身立命到死亡敬畏
应对指南：引导孩子生命的意义在于奉献

死亡反省指个体面对自然生命终结所表现出来坦然接受的意识状态。它是死亡意识长期沉淀的结果。死亡反省能够使个体产生积极的内在成长动机，减少个体应对死亡的回避和压抑行为。处于死亡反省阶段的个体，也产生了对死亡的敬畏。死亡敬畏即敬畏生命终结的自然性，不主动伤害自我生命，不放弃自我生命。拥有了死亡敬畏，在内在生命生和死两种力量对比中，生的力量就能占据绝对优势。此阶段的个体不会轻易自杀或自伤，除非安身立命的根基再次动摇或崩溃。

家长如何引导孩子由死亡意识阶段发展到死亡反省阶段？

首先，父母要有意识地培养孩子的兴趣、特长，引导孩子根据自己的兴趣特长选择职业。兴趣包含着热爱，兴趣孕育特长。以兴趣开发、特长养成，引导孩子主动寻找安身之基，立命之本。

其次，父母要引导孩子对自我生命进行反思和总结，即引导儿童向内反思自我生命历程，在回顾生命过程中思考个体生命的意义。在世界闻名的伦敦威斯敏斯特大教堂地下室的墓碑林中，有一块名扬世界的墓碑，上面刻着这样一段话："当我年轻的时候，我的想象力从没有受到过限制，我梦想改变这个世界。当我成熟以后，我发现我不能改变这个世界，我将目光缩短了些，决定只改变我的国家。当我进入暮年后，我发现我不能改变我的国家，我的最后愿望仅仅是改变一下我的家庭。但是，这也不可能。当我躺在床上，行将就木时，我突然意识到：如果一开始我仅仅去改变我自己，然后作为一个榜样，我可能改变我的家庭；在家人的帮助和鼓励下，我可能为国家做一些事情。然后谁知道呢？我甚至可能改变这个世界……"

最后，父母要引导孩子重申个体生命意义的社会性。明晰生命的意义在于为他人和社会发展作出贡献。《钢铁是怎样炼成的》一书中有这样一段话："人最宝贵的是生命。生命对于每个人只有一次。人的一生应当这样度过：当回忆往事的时候，他不会因为虚度年华而悔恨，也不会因为碌碌无为而羞愧；在临死的时候，他能够说：我的整个生命和全部精力，都已经献给世界上最壮丽的事业——为了人类的解放而斗争。"这段话或许能够再次给予我们生命的力量，助力我们更好地引导孩子。

向死而生：迈向意义生活，回归日常关系
应对指南：家庭活动中，引导孩子坚守人生信念

苹果之父乔布斯 2005 年在斯坦福大学作过一个演讲，题为《向死而生：把每天当成生命里的最后一天》。其中有这样一段话："17 岁时，我读到了一段引述，大致如下：'如果你把每一天都当作生命中最后一天去生活，那么有一天，你会非常确定你是正确的。'这句话给我留下了深刻的印象。从那时开始，过了 33 年，我在每天早晨都会对着镜子问自己：如果今天是我生命中的最后一天，你会不会完成你今天将要做的事情呢？当连续很多天答案都是'否'的时候，我就知道自己需要改变一些事情了。'记住我即将死去'是我一生中遇到的最重要箴言，它帮我做出了生

命中重要的选择。因为几乎所有的事情，包括所有外部的期待，所有的荣耀，所有的尴尬或失败，这些在死亡面前都会消失。留下的只有真正重要的。你有时候会思考你将会失去某些东西，'记住你即将死去'是我知道的避免陷入这个思考迷局的最好方法。你已经赤身裸体了，你没有理由不去追随本心……"

向死而生，指的是生命存在的每一刻既是生命成长的表现，也是生命趋向死亡的过程。因此，我们要让生命的每一刻都拥有意义和价值。向死而生阶段，死亡意识与生命意识汇合而成个体当下的生活态度，使其越发珍视在日常生活与日常关系中实现生命的意义和价值。

毫无疑问，向死而生是死亡意识发展中的最高阶段。但并不是每个人都能达到这个阶段，更何况儿童。作为父母，我们首先要做的是重构我们自己的意义载体，回归日常关系，迈向意义生活；我们要不断修炼自己的死亡意识，使之不断发展，达到最高境界。以此，以身作则、率先垂范，引导孩子死亡意识逐步发展。家长可以通过家庭中的共同活动，围绕死亡教育影片、书籍或相关社会问题，和孩子一起讨论生死话题，引导孩子坚守人生信念、树立人生目标、珍视重要的人际关系、专注于学业或事业发展等。

（作者单位：盐城师范学院教育科学学院）

父亲，从未离开

贺春兰

一

当得知父亲不久于人世时，我痛彻心扉，又只能无奈接受。

那是一个冬日的午后，我赶回老家，陪伴在父亲的床前。他静静地仰躺着，眼睛不能示意，嘴巴也已经不能开合。我们猜想已经时日不多，但不知道他的身体体征具体意味着什么，加之父亲晚年常常有一些神志不清的表现，我不知道还能否和父亲交流。

记得就在他的病榻前，我从手机上查到了关于人即将过世的一点小知识，那篇小文提示到：人在濒死时，听觉常常最后消失。我决定试一试。我将一个手指塞进父亲的手里，告诉他说："如果您能听到，就捏捏我的手指。"他使劲地捏了我一下。"啊？您果真能够听到啊！"他又使劲儿捏了下。我于是兴奋异常。就这样，父亲紧紧握着我的一个手指，听我碎碎念念地诉说。我给父亲讲他的教育对我的影响，我们对他的爱。我们的工作和生活，还有我们的孩子——他一直紧紧地捏着我的手，两行热泪涌出顺着脸颊流淌。父女俩这样的交流持续了一个多小时。最后担心父亲太辛苦，我才告诉他结束了我们的"对话"。

这是父亲生前，我和他的最后一次交流。也因为这次交流，让我得以安慰。想必也让父亲安慰。也正是这次和父亲告别的经历让我意识到，死亡教育非常必要。我常想，如果我有更多的相关知识，我会为父亲的离别做得更多更好，我和父亲也都能更从容地面对这个我们都必须面对的时刻。

二

在时代赋予他的人生境遇中，我想我的父亲已经非常成功和幸福，所以，他的辞世是安然的。在我们交流后的第三天，在冬日的阳光里，在母亲的陪伴下，父亲在哥哥的怀抱中安然辞世。

父亲走后，亲人们按照传统风俗安排了葬礼。我则在中间插入一个环节讲述他的故事。尽管乡村中目前还保留着很多传统的风俗仪式，但我清晰地记得，在目睹邻居葬礼时，伴随着将逝者的衣服遗物烧掉等传统习俗，少年的我常常感受到多神秘、恐惧而少教益，于是，我决定做些改变。

那天，在家门口的小广场上，在父亲的灵柩旁，在安静的音乐声中，数十位前来吊唁的亲人和乡亲们听我和亲朋分享了关于父亲的故事：

父亲于 1944 年出生，是一个有九个姊妹的大家庭中的长子，秉性善良仁爱。母亲总讲起父亲的故事。让我印象深刻的一件事情发生在上世纪 70 年代初，那时饿肚子是常有的事儿。而父母又带着三个孩子刚刚分家另住，日子格外艰难。有天母亲刚刚做好午饭，有个讨饭的老人端着碗到了家门口。父亲毫不犹豫地将自己碗里的面条倒给了那位老人。但老人吃了不够，在三个孩子的哭声中，父亲回转身，拿勺将锅里的面全捞出给了老人。这样的故事母亲能回忆起很多。

父亲是一个昂扬向上的人，他受过高中教育，年轻时候想学医，叔叔们记得他曾从田地里捡白骨回家研究，我也曾在他的医药书籍上涂鸦。父亲非常乐观，每每从田间干活归来，我们总是未见其人先闻其声——踏着有力的脚步声，他常常扯着长长的嗓音，高声唱着《朝阳沟》《卷席筒》等豫剧唱段。改革开放亦让父亲迎来了个人生命的春天，在小县城里，他靠搞个体经营支撑着一个热乎乎的家，托举着儿孙们的幸福生活和学业。

其实，父亲最值得学习的除了他昂扬的奋斗精神外，还有他的家教智慧。直到今天，我都很是惊叹，父亲的很多教育实践如此符合专业的教育理念。他鼓励我们立志奉献社会。他常给我高期待，并做积极暗示，对我日常行为中的点滴小事赋予某种积极意义。他鼓励我参与，院子里要建个厨房厕所一类的，他都会鼓励我去画图纸去提建议。餐桌上，他居然还对我们进行了营养教育和礼仪教育。至今，都还记得他说："多吃青菜，吃青菜头发长得旺……"他很少提要求，但他的几条要求我至今印象深刻。关于励志，他常说："长大要为社会做出贡献。"餐桌上，他提示："给长辈端饭，要用双手。"年节，他会鼓励我陪他喝杯酒，他的理论是，"好女儿也要志在四方"。受他的鼓励和影响，他的儿孙辈中多受了高等教育，在不同的岗位上如他所愿，奉献于社会。在他生前的最后一个生日，在外面上学的孩子们来到他的病榻前，久已经神志不清的他居然能够有极清醒的思考和表达。他说："你们要记住，人生常会有挫折，但也常常会柳暗花明又一村。"这是他生前给我们的最后一次嘱托。

因为乐善好施为人正直父亲颇得乡亲们的爱戴，他也多次嘱咐我们，自己好了不要忘记反哺家乡。

我把父亲的葬礼看成是父亲和乡亲们的最后一次交流，希望他昂扬有爱的人生包括他的家教智慧能对乡里乡亲有所帮助。

三

一个有爱的人，也被爱包围。

小时候的元宵节记忆深刻，父亲会拉着我的手，在拥挤的人群中穿梭，赶着看街边的花灯。穿过整条街，从东头到西头，看空旷地界儿的打礼花。这样的斑驳记忆也常常让我在元宵节这天想起父亲。今年元宵节的那天恰逢我加班，我嘱咐先生早早回家煮了元宵敬献于父亲的遗像前。下班回到家里，我发现，父亲的遗像前蜡烛和香柱已经燃了不少，温热的米酒和元宵散发着清香。当我起身想把装了元宵的小碗收走时，先生说："晚些收，老人家腿脚不好，走得慢。"一句话提醒了女儿，"姥爷的碗中还没有放勺呢。"女儿赶紧起身取来了勺子——看父女俩那般真诚，我真切地感慨，"因为被我们记着爱着，我的老父亲真的还没有走远啊。"

又到清明，在对父亲的怀念中，我写信给远在异国他乡的侄子："你曾问我，为什么要常常接纳老家很多亲人住在家里，常常自寻麻烦而不觉其累——记得当时我没有办法用理性的语言给你讲清楚——亲情和乡情是一幕幕非常朴素的镜头，是困难岁月里父母姊妹一起奋斗的昂扬岁月。我时不时地会想，他们于那么艰苦的岁月托举我出来的意义，应该不仅仅是我自己静享安逸吧。你爷爷的很多影响已经深入我心。于是回望，于是尽己所能，去帮助我们的父老乡亲、去为这个社会做更多有正能量的事情。我想，正是一代代这样的父辈的托举和子辈的反哺，让一个家庭一个家族一个民族走向强盛吧。"

的确，父亲用自己的奋斗托举着我们迎来了今天的幸福生活，他的人格他的教育引导更是深厚绵长地影响了我的一生，他的期待和嘱托已经化为我的人格力量，更给我们这个大家庭注入了乐观的昂扬向上的文化基因。

正是在这些意义上，我觉得他从未离开。

（作者单位：人民政协报教育周刊编辑部）

花香深处有思念

张惠娟

今年是奶奶离开我们的第四年，她生前最喜欢花，在家里养了各种各样的花：春天的桃花、梨花，夏天的夹竹桃、鸡冠花、指甲花、牵牛花，秋天的菊花及冬天的水仙花、甚至白菜花……一年四季，不同的季节，我总能看到她浇花、看花的身影。

"奶奶，这是什么花？""这是粉色的夹竹桃。""那这又是什么花？这是红红的鸡冠花，像不像大公鸡的红帽子？"……这是童年时期我和奶奶聊天中的小镜头。在我少年时光回忆里，和奶奶相处的日子总是弥散着花香。

记得有年春天，我从花店买了盆盛开的长寿花。来到奶奶家时，她正在院子里浇花。为了给她一个惊喜，我蹑手蹑脚地走到她身后，用双手捂住了她的眼睛，压低了嗓音说："猜猜我是谁？""你是天上下凡的仙女吧？"奶奶掀开我的手笑着说："你就是变成小蜜蜂，我也能认出你来！"我将"长寿花"送给她，她兴奋得像个孩子，搬过来搬过去给这盆花选好位置。

奶奶是个心灵手巧的人，或许是因为喜欢花，她年轻时很漂亮；或许是人漂亮，她更加喜欢花。即便人生步入老年后，她也很爱美爱干净。我小时候见她最喜欢用"万紫千红"牌的擦脸油，印象中她身上也总有股淡淡的香皂味。

奶奶膝下没有女儿，而我也是她唯一的孙女。小时候我问奶奶："都说女儿是母亲的小棉袄，那我是您的什么？"奶奶说："您是我养的花呀，你上学不在家时，我看到花就看到了你。"我说："不，我要做您的棉背心，比小棉袄还要暖和还要贴心的那种……"

奶奶对花的情感也是深入了灵魂里。有一年夏天，天突然下起了大冰雹。奶奶一手用脸盆罩着头，一手将大大小小的花盆搬到室内，而那些长在地上的花儿们，则被盖上了保护伞。因为这样的"护花行动"，她扭了腰，可她依然感觉这个付出值。

那时的每年深秋，等所有的花都谢幕后，奶奶都会选择在一个周末拿出她早就准备好的小瓶子，洗净晒干后，在瓶外贴上医用的白色胶布，再让我逐个在胶布上写上"指甲花、鸡冠花"等花名。我边写她边说："小家雀翅膀硬了，早晚得出窝儿呀，趁着你还没'飞'走，得多给我干点活……"我也更认真地将这个"专属"工作干好，争取将每个字写得像印刷体那样。奶奶虽然不认得几个字，但我写时，她会戴上老花镜，出神地看，眼睛眯成一条缝儿。我将所有花名写好后，她留一部分明年自己种，将剩下的全送给邻居们。

随着年龄的增长和阅历的丰富，我也更加读懂了奶奶，才体悟到她爱花的行为背后，流露的是温柔善良的"草木心性"。因为她不但爱花花草草，还爱万物生灵。我印象中，每次饭后收拾餐桌时，她总会先将掉落的米粒菜渣及剩饭捡起来放到院子里，"小家雀们也要吃口饭呢。"

随着一年又一年的花开花落，我也"飞出了窝"外出上大学，每到寒暑期才回来；而大学毕业后，我到了北京工作，也只有春节国庆小长假才能回去陪她；再后来，我结婚生子也有了自己的小家，假期的时间也就被分走了一半，陪伴她的时间也越来越少了，而随着岁月的老去，她种的花也越来越少了。

有一年，因各种原因我只在国庆节间回去了一次。母亲在电话中说："奶奶想你耍起了'小聪明'——她的指甲、头发长了便不让我理，说等你回来给她收拾……"我瞬间泪目。于是，小长假我尽可能多回去，哪怕就一天，帮她理发、剪指甲，给她说说我的工作，陪她聊聊天。

2017 年国庆节前，父亲来电话说，奶奶不怎么爱吃饭了，但除了血压有点高外，其他也没什么毛病……那个小长假，我带孩子回去陪了她一周。当精神逐渐好起来了后，她对我说："我感觉我的'大门'快关上了，你们要好好工作、好好生活……"回京后的时光里，每次和父亲电话，我都很紧张，担心奶奶有什么不好的消息。2 个月后，我接到父亲的电话，"奶奶有 3 天不想吃饭了，医生说没添啥病，就是器官自然老化了……要不你抽个空回来看看吧？"我赶紧处理交接好手头的工作，第二天就请假赶回了老家。

我到家时，躺在床上的奶奶已经不能说话，但听到我的声音，她的面部有了明显的反应。那一天我一直陪着她，给她说话、播放轻松的音乐……第二天的傍晚，在我们的陪伴中，她长长地呼出了最后一口气，眼角也淌出了最后的两行泪……但面容还是那样的慈祥，我亲吻着她的额头，让她安心归去。母亲知道我和奶奶的感情深，怕我太过伤心便劝慰我说，"奶奶无疾而终，是喜丧，不兴哭……"其实，我内心也曾无数次设想过假如这一天到来时我肯定会哭晕。但这一天真的来临时，我内心竟出奇地镇定，一种强烈的责任感促使我亲手给她擦洗身体、给她穿好新装。就这样，在这个丁酉年的初冬，在家人的"目送"中，86岁的奶奶永远地关上了她人生的"大门"。

奶奶入土为安后，我告诉父亲，想来年春天在她的坟前植上月季和玉兰。父亲说，这两种花在那里可能不好成活。于是，第二年清明，父亲在她的坟前栽了柳树和柏树。但我的心里，还是惦记着她喜欢的那些花。后来一想，其实我一直没离开过她。奶奶曾说过，我们俩都是"水命"，和花有缘分，养啥花都能养活。来北京工作后，从租房到买房，不管住什么样的房子，家里都离不开花：金边吊兰、文竹、绿萝、杜鹃、水仙……而看花浇花的时刻，我心里有一种说不出的幸福感。

这几天，小区院子里的迎春、玉兰、杏花、桃花先后开放。我想：看到花，随时都会想到她，而不论花开在哪儿，只要我喜欢，奶奶就一定会喜欢。而且，奶奶的那精神之花也会一直开在我心里，成为点缀我心灵中的美和温暖我前行的力量。

（作者原单位：人民政协报教育周刊编辑部）

Part **3**

转"危"为"机"

11

"叛逆"的孩子，
需要父母特别的爱

　　一提到"青春期"三个字，很多人自然就会和"叛逆""不好管""情绪波动"等词语关联起来。青春期作为人生成长的一个特殊阶段，的确有其特殊性。在青春期，身体和心灵的突变就像一场剧烈的风暴。但青春期一定会如此艰难吗？如何让孩子顺利度过青春期？

青春期的"蜕变"和"成长"

蔡蓉

为什么会有"青春期"

曾有朋友向我倾诉："孩子进入青春期后，和父母什么话都没法说到一块去，问他什么都不说，你说多了，他反过来吼你一句，甚至连走进他的卧室都是不允许的。想约孩子一起下楼散步或周末逛公园，孩子一句'不去'让人心塞。孩子的一言一行，总是看起来那么不顺眼，回家总是先玩游戏，学习作业总是磨磨蹭蹭的，非得拖到最后一刻才草草完成。孩子有时还爱慕虚荣，服饰鞋子总是需要买品牌，要跟别人攀比，不顺着他，就发脾气。看着孩子各种各样的毛病，心里又着急又挫败。"

就像上述例子中的描述一样，青春期孩子有一些共同的特点，比如情绪反应强烈且不稳定，想远离父母寻求同伴群体认可，想要尝试新鲜事物，自我管理和调控能力不足等。这些变化背后的原因，与大家熟知的身体心理巨变、激素水平的变化有关，也与脑功能发展的一些特点相关。美国国家卫生研究院关于脑发展的研究表明，在青少年时期，大脑成熟度只有 80%，尤其是杏仁核、前额叶的功能尚不完善，而这两个脑区正好与情绪调节和自控力息息相关。

基于此，家长们也许能释然一些，孩子某些言行不是故意来气家长的，好多时候是他"身不由己"。青春期曾被美国心理学家霍尔视为"急风暴雨"的时期，这意味着青春期孩子与父母的关系可能充满矛盾和冲突。当然冲突并非都是不利的，有很多实证研究表明低水平的亲子冲突有利于青少年自我同一性和社会性的发展，因为在低水平的冲突中，孩子会学习到情绪调节、处理人际关系及解决问题的能力。

青春期的蜕变和成长

家长如何来应对和处理与正处青春期的孩子的冲突呢？

不被激惹，稳住情绪。很多时候，家长会被孩子特异的言行所激惹而暴跳如雷。而当我们自身处于暴怒的状态下，是无法与孩子有效沟通的。比如，在上例中提及的"孩子不理人、吼家长"这样的情形对大多数人来讲都是很大的挑战，家长可能会强烈地感受到自己被孩子拒绝，万一家长碰巧在自身成长经历中有较多被拒绝的经历，这时家长的情绪反应可能还会更加强烈；又或者家长在自己的青春期与自己的父母本身存在很多冲突，而这些冲突都没有很好地解决，这个时候，家长青春期的创伤会被触发，于是情绪将变得失控。所以我们要随时对自己的情绪有觉察，可以尝试深呼吸从 1 数到 10，不急于表达，先稳住自己的情绪，才是成功沟通的开始。

关注需求，温和坚定。马斯洛需要层次理论指出，人类共同的需求是生理需求、安全需求、归属需求、尊重的需求、自我实现的需求。当亲子之间无法沟通的时候，父母需要去审视一下："我在养育孩子过程中，我的言行是如何的。"因为父母的打骂，直接影响到了孩子生理需求、安全需求、尊重需求的满足；还有一些威胁言语譬如"再这样你就滚，别说你是我的儿子／女儿，别跟这些小混混玩，别跟这些差生玩"等等妨碍了孩子的归属需求。当孩子在与家长互动中总是无法满足基本心理需求时，他就关闭了沟通的大门。当然，满足孩子的心理需求绝不意味着满足他们的各种要求。比如，上例中当孩子要求购买品牌服饰，如果家长认真考虑之后觉得无法满足或者不想满足这一要求，可以温和而坚定地跟孩子说："我特别理解你想要买这个牌子的衣服，这是在你们同伴中流行的时尚，同学有，你也渴望拥有，可以理解。不过因为×××的原因，我现在不能给你买。"这样的沟通，家长虽不能满足孩子物质方面的要求，但是满足了孩子被尊重的心理需求。

沟通雷区，理智避开。上例中，家长观察到孩子一回家就躺在沙发上玩游戏，总是到了很晚才开始急匆匆地应付家庭作业，家长可能的反应有如下几种：

命令、指挥、控制型：你！现在立刻马上给我起来，马上给我写作业去！

警告、训诫、威胁型：你要是再这样，不给你任何零花钱和生活费了，看你还怎么上网，看你怎么养活自己。

规劝和说教型：孩子，你这样是不行的，你现在每一分每一秒都是很宝贵的，你的同学都在争分夺秒地学习呢，你赶快学起来，别把时间浪费在玩手机上。这么大了，你要为自己负责，否则将来没学可上，一事无成。

直接给建议型：我建议你跟你们班学习好的同学聊聊，看看人家回家之后都是怎么安排学习和休息时间的。然后你把每天回家后要做的事情列个清单，等所有学习任务完成了你再玩，而且玩的时间不能太长，要不然影响视力。

批评、责备型：你天天就知道上网玩游戏，作业根本就一点都没动，你怎么就这么懒？这么不自觉！你都网络成瘾了吧！

嘲笑、讽刺型：就你这样的还有资格玩游戏？你要是在你们班名列前茅，我也就不说什么了。可是你看看你在班里成绩倒数，还玩什么玩，我真为你感到丢脸！

当家长正在气头上的时候，以上这些表达方式可能就脱口而出了。我们不会去管孩子怎么想，他心里是什么感受。但是，此时此刻，当我们处于理智平静的状态下，我们再来看这些话，会觉得很刺耳，很不舒服。孩子与家长的心理距离就这样越来越远了。当孩子在不良情绪状态下时，情绪性的脑区被激活，大脑皮层被抑制，他们不会去理性思考自己的行为是否是错误的。也就是说，这些表达绝大多数时候是家长在宣泄情绪，却无法带来孩子的改变。虽然劝说和建议的方式听起来有一定道理，但是当孩子的内在感受不被看见、不被接纳的时候，直接的劝说和建议也往往无效。

重新联结，开启沟通。很多家长开始寻求帮助的时候，往往是孩子已经放弃跟父母交流了。家长常常热切又焦急地询问孩子："今天过得怎么样？开心不开心？学校里发生了什么事？跟我们说说呗……"可是孩子完全不予理会。在这种情况下，父母往往会更加着急，更加逼问孩子，孩子更不理睬父母，于是，形成一个不良循环。

事实上，家长首先要做的就是调整好自己的心态，让自己平静放松下来，不要因为气急败坏而说一些过激的话。此时应不动声色地继续默默地关照孩子，看到孩子不愿意说，就真诚地说："嗯，我看到你现在并不想说，没有关系的，任何时候你想说的时候，我都愿意听。"当然还有一种情况是家长曾经伤透了孩子的心，所以家长需要回顾一下，自己曾经的做法是否有不合适的地方，然后诚恳地跟孩子说："我以前做了什么事，回想起来很不对，我向你道歉，请你原谅。你现在长大了，我也在学习用新的方式与你沟通，我相信我们之间的沟通会越来越好的。"

少讲道理，促进表达。青春期的孩子，他们已经懂得很多道理，很多时候说的话比较偏颇，只是在表达和宣泄情绪。如果父母一听孩子某个偏颇的言论，就开始板着脸，跟他争论或者直接教育他，这样很快就"把天儿聊死了"。家长可以尝试带着不评判的态度去沟通，可能效果会很不一样——

孩子：我们那个数学老师，真是糟糕透了，我现在数学不好全怪他。

家长：哦，你不喜欢现在的数学老师？

孩子：是啊，我们以前那个老师讲课风趣幽默，现在这个老师太严肃了，还经常批评人。

家长：你不习惯老师这种严厉的风格？

孩子：是啊，为什么选这样的人当老师呢？上课一本正经的，不苟言笑的，让人看了就提不起兴趣。我数学都退步了，我都快急死了。

家长：数学退步了，你自己也很着急，其实你也很想学好。

孩子：当然啦！唉！没办法，老师也没法换，那只能我自己适应适应了。

共同协商，达成共赢。 当父母和孩子彼此的要求面临冲突时，双方都想赢，这是常见的亲子之间的权利争夺。如果父母总是赢，孩子会怨恨或者是将来在社会竞争中不敢赢；如果孩子总是赢，孩子就学会了利用发脾气或威胁来控制父母，发展出诸多不良行为。所以这个时候可以采用协商共赢的方法。例如前文孩子一回家就玩游戏，作业拖到最后草草完成。家长不妨这样去和孩子协商。

家长：孩子，我注意到你每天都完成作业了，这一点很好，但我觉得你回来玩游戏的时间很长，开始写作业的时候，精力已经不足，写作业的速度和准确性都下降了。我建议你先写作业，再玩游戏。

孩子：我之前每次玩游戏，你脸色都特别不好，而且还总在旁边唠叨，其实我也很烦这样。是不是我先写作业，再玩游戏，你就不这样啦？

家长：嗯！

孩子：假如我作业都完成后，你是否可以允许我畅快地玩一小时，不干涉我？

家长：很高兴你愿意先写作业，我觉得你玩游戏 1 小时，时间还是太多了，你需要早点休息。玩半个小时吧，并且要在 11 点钟睡觉。

孩子：那如果我作业完成得又快又好，并且保证在11点钟睡觉，我可不可以玩45分钟？

家长：我同意，那我们可以执行一段时间，看看效果再做调整。

在这样的协商沟通中，因为孩子参与了决策过程，所以他会更愿意去执行。当然执行的过程中肯定也会有问题，家长和孩子还可以继续协商改进，不断达成共赢。

美国家庭治疗专家维琴尼亚·萨提亚创建的萨提亚家庭治疗模式，倡导从互动关系的视角看待个体所呈现的问题。萨提亚建立的心理治疗方法，最大特点是着重提高个人的自尊、改善沟通及帮助人活得更"人性化"而不只求消除"症状"，治疗的最终目标是个人达致"身心整合，内外一致"。萨提亚治疗模式中有一个基本理念：问题不是问题，如何应对才是问题。所以，青春期的亲子冲突也不是问题，将亲子冲突解决好，对家长对孩子而言都是蜕变和成长。

（作者单位：北京信息科技大学心理健康教育中心）

青春期冲突，意味着要更好沟通

杜俊鹏

孩子步入青春期后，很多父母和孩子的冲突开始加剧，如何理性面对这种青春期的冲突，是父母需要认真思考的问题。

首先，我们要意识到冲突是不可避免的。父母和孩子生活在一起，由于观点的差异，出现争论和冲突是在所难免的。心理学上有一个概念叫"自我意识"，用通俗的话讲就是"我和你们是不一样的"。自我意识出现的标志大概是 3 岁左右。假设一个孩子的小名叫强强，学会说话后，他会这样表达自己的需要："强强要喝水。"当他开始说"我要喝水"的时候，这个所谓的自我意识就出现了，也就是和父母的冲突就开始了。孩子开始努力地发表自己对于世界的看法，努力地证明"我和你们是不一样的"，这种意识到了青春期会更加强烈。从某种程度上讲，父母从孩子 3 岁开始其实已经和他斗智斗勇了，青春期不过是面对一个身体和心理日益强大的孩子，也就是父母的沟通对象在变强大。若父母在孩子青春期之前总是采用压制型或命令型的沟通方式，即

"父母说话孩子就得老实地听，不要和家长说'不'！"若是这样的话，青春期时的亲子冲突就会更加突出。

当孩子和父母的观点不一致的时候，父母其实应该高兴。正所谓"君子和而不同，小人同而不和"。孩子终于可以有自己的观点和认识，不再苟同他人，这是他开始成熟的象征。青春期的孩子一定要做自己，一定要发出自己的声音，这些讯息表明孩子已经开始在慢慢成长了。

其次，父母要锻炼自己看到并读懂孩子冲突背后的声音。我平时的工作主要就是给青少年做心理咨询。这个工作的一个核心就是读懂孩子的诉求，因为孩子们是在无人能懂、无人诉说的情况下，才来到咨询室的。在我的咨询案例中，有一个辍学在家的初二学生，当我问其为何辍学时，他说："我感觉有一种无形的力量在控制我，我每天的一举一动妈妈都会知道，很压抑。"我在给他妈妈咨询的过程中发现，孩子和妈妈在同一所中学，妈妈是特级教师，妈妈备课的地方是学校的监控室，而教室中的摄像头正对着孩子。孩子上课和谁说话，扭头几次，睡觉几次，妈妈看得一清二楚。每天晚上回家妈妈就会和孩子说他今天的表现，孩子很痛苦，又没法辩解。孩子和父母冲突的背后可能就是要自由。

还有一个女孩子同样辍学在家。我了解情况后知道，孩子在学校被人欺负，父母每次都责怨孩子说："怎么不欺负别人就欺负你，你要反思啊！"孩子开始不再和父母说话，最后发展到辍学在家。对父母来讲，只要在孩子需要的时候，家长和孩子站在一起就够了。孩子不愿意回击，有很多种情况，有的是性格不喜欢争斗，有的是怕受到伤害等，无论哪种情况都是可以接受的。

可以看到，孩子辍学背后的诉求是想得到父母的认可和接受。所以，学会读懂孩子内心的需要非常重要。只要父母做到了，孩子的问题可能就会慢慢恢复正常。

另外，父母要锻炼自己看到并读懂自己的声音。前几日，媒体报道一个 14 岁孩子在被母亲当众打耳光后跳楼身亡，这个母亲现在恐怕也处在伤心难过之中。如果有机会反思的话，父母可以时常提醒自己看看，驱动自己做出这些行为的背后原因究竟是什么？比如"被老师叫去我感觉好没面子，都是因为你。"又或者"我辛辛苦苦工作都是为了你，你太让我失望了！"抑或者"你爸让我难受，你也让我难受！""你这样天天打扑克怎么能考上大学呢？"等。

有一个成语叫百感交集。我们要在冲突中锻炼自己看到百感交集中的每一种感觉。看到了，父母就会改变沟通的方式。就像上面的例子，看到了自己的声音就会自嘲："原来我是为了自己的面子而生气啊！""其实我工作不都是为了孩子啊！""哎呀，你爸让我难受是我的事儿，和孩子你没有关系啊！"等。经过自嘲，父母就会放松下来，不再指责。这里所描述的心理过程其实是在瞬间完成的。父母就是要锻炼自己把瞬间变成慢动作回放，这样才能在将来的瞬间做出正确的抉择。

最后，我想和家长分享一句话——"把孩子当人看"。

孩子是人，不是神。人非圣贤，孰能无过？如果您能宽容孩子，他就学会了宽容自己和他人。

孩子是人，不是机器。人是在感受中生存的。他的感受是自己独有的，是需要被理解的。我们总觉得孩子不努力，其实他感觉已经很努力了。有一句话讲得好："如人饮水，冷暖自知。"就像喝一杯水，父母觉得烫，可能孩子觉得已经凉了。所以父母只有理解孩子的感受，沟通才会有效。

孩子是人，人是会变的。变化的动力来源于父母的眼睛，如果您认为孩子会越来越好，他就会越来越好；反之亦然。

所以，从一定意义上讲，冲突是孩子为了让你更懂他。懂了，冲突也就消失了，沟通也就通畅了。

（作者单位：北京理工大学珠海学院心理咨询中心）

建设性批评，让忠言不逆耳

于成

批评是教育的必备环节，只有赏识的教育必然是不完整的教育。而处于青春期的孩子比较特殊，面对青春期孩子的问题，家长如何既能维护孩子的自尊心，又能起到好的教育效果？

批评原则：先讲情，再讲理

心理咨询中，会遇到很多家长向我们反映：面对错误，孩子在小时候"一说就改"，而到了小学高年级，则逐渐开始出现"不合作和对抗"的情绪。对此，家长们看在眼里，急在心里。

家长们不很清楚的是，青春期的孩子已经开始形成了自己对问题的看法，注重自我感受，并逐步成为一个独立自主的人。受荷尔蒙的影响，青春期的大脑拥有极强的成长潜力。但是青春期孩子的大脑有不平衡的特点：情感相关脑区（边缘系统）的发展，要明显快于理性相关脑区（前额叶皮层）的发展，这使得大部分时间里，情感的驱动力要更胜一筹。因此，当我们和青春期的孩子对话时，哪怕家长说的是"金玉良言"，若没有照顾到情感和自尊，也会激起孩子强烈的反感，使孩子关上理性思考的大门，最终的教育效果必然不尽理想。面对这个阶段孩子的问题，要"先讲情，再讲理"——首先照顾到孩子的情绪和自尊，等他们"慢半拍"的理性思考和决策力跟上来后，再引导孩子进行有效的反思，最终可以收到事半功倍的效果。

四步方法让忠言"不再逆耳"

第一步：平心静气。青春期的孩子正是八九点钟的太阳，他们拥有无限的生命力和成长潜力，生活中的每个错误，对他们而言不是能力不足的证明，而是发展进步的好机会。但是，出于爱和关心，当我们看到孩子犯错误后，第一个冒出来的反应往往是着急、生气，教育起孩子来就可能情绪激动，口不择言，让孩子难以接受，最后白白浪费让孩子从错误中成长的机会，又可能带来亲子情感危机，实在是很可惜。

当孩子的成长机会出现，而家长又"情绪激动"时，可以先按下头脑中的暂停键，不让情绪"带着我们越跑越远"。然后提醒自己，错误是孩子成长的好机会，现在恰是影响孩子的好时机。教育孩子时，我们的情绪管理能力可以随着练习而提升，即使哪次没有控制住情绪，也不要紧，多练几次结果就会不一样。

第二步：描述事实。如果家长发现控制住了教育孩子时的情绪，说明已经有了一个很好的开始。接下来，可以先简单跟孩子说一说看到的事实和感受，并"以退为进"——家长主动少说，鼓励孩子多说，把描述想法的机会给孩子。举一个例子：当家长劳累了一天回到家，路过书房时，发现孩子正抱着手机看来看去。这时候会怎么办呢？一部分家长会大吼："我在外面累了一天，回到家你也不给我省心，一天到晚就知道打游戏！"而另一部分家长则能意识到，"错误是孩子成长的好机会"，调整一下自己的呼吸，控制住情绪，通过"描述事实—表达感受—询问"三步，准备好和孩子沟通。

一个可行的例子如下：1. 我发现你放学回来之后到现在书包还没打开，已经玩了一个多小时了。（描述事实）2. 你没有做到之前答应的事，我觉得很生气也着急。（表达感受）3. 你能说说是怎么回事吗？（询问）

家长在此情景下若能较为平静地完成以上沟通步骤，不仅能保持和孩子顺畅的交流气氛，也可以清楚地了解事实的来龙去脉。

第三步：积极关注。对于青春期的孩子而言，犯错的原因往往不是不知道怎么做，而是缺乏改变的动力，我们可以通过积极关注，重点关注和强化孩子行为中的积极面，给孩子一个推动力。因为青春期的孩子对情感非常敏感，消极情感会让他们很难受，而积极情感会给他们莫大的鼓舞，就像一部好车，刹车快，但加速也快。如果我们能够有意识地关注那些做得好的地方，他们就能够在自己的成长之路上走得更远。

常用的积极关注可以有如下几种：

1. 我看到……（值得鼓励的地方，具体描述孩子的努力与坚

持、策略与方法等）

2.我相信你能够处理好你的事情。（积极的鼓励肯定）

3.你觉得哪些地方做得还不错？（当孩子遭遇失败时的积极关注）

第四步：探索讨论。做完第三步后，教育目的就已基本达到，如果孩子想要和我们进一步交流，可以继续，但是孩子如果没有这个意愿，适时停下来也很好。

青春期教育有一个重要的原则"不求不帮、有求必应"，如果孩子们不需要帮助，我们就可以放手让他们去改正错误，但是如果他们"放下面子"要求我们帮忙，那一定是遇上了相当的挑战，这时就需要我们来出谋划策，做好军师。当我们不确定孩子是否需要帮忙时，我们可以问："需要我帮你做些什么吗？"如果答案是肯定的，那就和孩子一起分析问题，如果答案是否定的，就相信孩子能够把事情做好。

常用的和孩子一起探索讨论的方法有如下几种：

1.我发现……（指出问题，讨论原因）

2.以前哪些方法是有效的，下次我们可以做些什么？（讨论解决方案）

3.你对这件事情最清楚，你觉得第一步可以怎么做？（细化方案）

4.你有需要的时候，我们可以一起探讨。（情感支持）

我们批评孩子的目的，不是为了表达我们的不满、发泄自己的情绪，更不是为了让孩子痛苦，甚至感到羞辱。我们指出问题是为了帮助孩子更好地认识错误、获得成长。因此，让忠言走进孩子的心灵极为重要，我们可以通过平心静气、描述事实、积极关注和探索讨论四步做到这一点；其实这四步并不高深：先讲情，再讲理；不预设，先倾听；少指责，多建议；不羞辱，多讨论。有平时建立的良好的亲子关系和联结，有爱为基础，再加上一点点技巧，相信孩子会听进去我们的肺腑之言。

（作者单位：河北省邢台市信都区教育局）

话题 **12**

孩子没考好，
家长该如何面对

　　孩子进入校园之后，便开始面对一场又一场的考试。每次考试成绩出来后，那些考试成绩相对落后、分数低于预期的孩子及其家长往往会出现失望、遗憾、郁闷等负面情绪。没有人喜欢失败，但可以肯定的是，没有人能一直成功，如何面对"失败"是人生的一堂必修课。

让"负面"事件发挥"正面"价值

卢锋

在孩子的学习生涯中，考试没有考好，发挥失常，这是常有的事情，但如果这样的失常发生在期末考试，甚至中考、高考这样的关键考试中，那么这样的考试失利就容易引发孩子产生重大的心理压力，处理不好会挫伤孩子的自我评价和定位，严重的会影响孩子的一生。家长是孩子最在乎、最依靠的精神力量，要避免简单安慰、假装忽视，更不能冷嘲热讽、批评指责，而是要在关键时刻做好陪伴和支持，给孩子赋能，和孩子一起跨过这个人生"低谷"，让"考得不好"成为孩子生命成长中的故事，而非"事故"。

让孩子面对现实，接受失利

没有人想要失利，但生活难免有挫折，孩子在成长过程中学会正视挫折，面对失利是人生的必修课，家长要善于让孩子在"考得不好"这样的负面事件中发现正面价值，学会运用生活中的辩证法。家长既不能对考试失利"过分焦虑""过度解读"，也要避免"和稀泥"心态，将考试没考好"轻描淡写"，帮孩子"蒙混过关"，而是要让孩子敢于面对失利、接受"失败"，认真总结，找准方向，学会体面而有尊严地"输"。唯有如此，孩子才能勇敢"走出"，真正"放下"，转身走向未来，走得更远更好。

这需要家长在第一时间共情和接纳孩子的情绪，给以必要的理解和安慰，也要让孩子独自面对，冷静思考，这是孩子成长所必须经历和穿越的过程，家长不能人为剥夺孩子的挫折体验。让孩子"大哭一场"也好，"痛定思痛"也罢，孩子的路总是要他们自己走，那些能够直面逆境，选择迎难而上的人，往往更能成就自己的人生。

请孩子理性分析，认识自己

知人者智，自知者明。正确地认识自己，可以帮助我们更好成长，孩子自然也不例外。考试没有考好，这是孩子认识自己的一个契机，无论是考试发挥失常，还是能力所限，都是孩子了解自身学习特点的机会。让孩子面对考试失利，不是要活在失利的阴影中，而是要在考试失利中看清自己的心智模式和存在问题，以针对性应对和处理。语文特级教师袁卫星曾说，"考试是一次总结，不是终结"，善于总结，从失败中看见问题，这不仅关乎学习，更是提高人生智慧的途径。

当孩子度过了考得不好的情绪低落期之后，家长要适时请孩子全面、客观地分析自己的学习现状。在这一过程中，孩子容易偏执一端，只看见问题，一味否定自己。其实，再低的分数也是辛苦学习得来的，家长要结合细节帮助孩子看见自己好的方面，比如肯定孩子"每天坚持早起，独立思考，按时完成作业，有上进心等"，让孩子看见自己的优势，认清自己的问题，帮助孩子变得自信自强。

带孩子了解社会，拓宽视野

学习不仅仅拘泥于书本知识，考试不仅仅局限于学校教学。实质上"知识、生活和生命"有着深刻的联系，很多时候孩子学不好知识，是因为不了解生活，更不懂得生命。为了片面追求考试成绩，有些学校把知识从生活中剥离出来，把知识"抽象化、符号化、应试化"，导致学生学得困难、学得枯燥、学得低效，也因此很多学生对学习不感兴趣，考试成绩自然也难以理想。这不仅影响孩子当下的学习，更不利于孩子的终身学习。

家长要善于"反其道而行之"，就是利用周末、寒暑假带孩子去体验生活，了解社会，感悟人生，就是把知识"还原"到生活中，"复活"到生命里，让知识"具体化、生活化、兴趣化"。当孩子把学校教育"灌输"的知识和自己体验"生成"的知识相联结，孩子会体验到知识的魅力，提升学习的兴趣，拓展学习的视野，真正地把知识学懂学活，从而更加自然从容地应对考试和学习。

和孩子做好规划，自我设计

如果在中考、高考这样的关键考试考得不好，这也意味着除了少部分学生选择复读之外，有相当一部分学生将要选择就读各类职业院校等作为求学发展的新路径，这在很多人看来是"次优"的选择，甚至是"低人一等""退而求其次"的办法。实际上，随着近年来市场对技术技能人才的"求贤若渴"，以及国家对发展职业教育的日益重视，那些拥有解决复杂问题能力和创新能力的发展型、复合型、创新型高层次技术技能人才，将成为新一轮的"人才风口"。

家长要紧跟社会动态，更新人才观念，抓住孩子考得不好的"机会"，和孩子进行"发展类型"定位，结合孩子的兴趣特长，和孩子一起做好生涯规划和设计，选好专业择好学校。同时，也要针对职业院校学习氛围、学习习惯相对不佳等现实情况，给孩子提前打好"预防针"，提升孩子自我管理、自主发展的意识和能力，鼓励孩子有信念、有梦想、有奋斗，孩子就一定能够脱颖而出，成为对国家和社会有用的人。

朱永新先生曾说，"成人比成才更重要，幸福比成功更重要"，考试考得好，并不意味着人生就能过好；考试考得不好，人生也未必过不好。人生真正的考试其实每一天都在进行，那就是我们是否最大限度地超越自己，让有限生命实现最大的价值，做最好的自己。不辜负生命中的每一天，问心无愧，不留遗憾，我想这就是我们人生的全部意义吧。

（作者单位：苏州市职业大学思政部）

"好"的标准谁来定

申子姣

作为一名心理咨询师，破解编辑抛来的问题，我脑中首先冒出来的其实不是答案，而是一系列的困惑。我想，这篇文章就是通过对这一系列困惑的澄清，尝试帮助家长朋友找到最适合自己的答案吧。

孩子考不好？怎样才叫"好"？

我提这个问题，是为了帮助大家思考"考好考坏标准制定的合理性"。我曾听到有孩子跟我哭诉，100分的卷子考了99分，孩子本来兴高采烈地要跟家长炫耀，却被家长迎头泼了盆冷水，质问："为什么会丢了那1分？"所以，孩子接收到的信号是"家长眼里，只有考到满分才是好"，总有一种无论如何努力都达不到家长期待的失落感。

但这个标准合理吗？事实上，要求孩子"把会做的题全做对"，表面上看是一个可达成的目标，但其实是一个极高的要求，因为它的潜台词是"你在考试中不允许出错"。但只要是人，就有可能犯错的呀。

有的家长则会继续问："别人家的孩子能考 100 分，为什么我的孩子就不行？"其实也可以用一个问题来回答："别人家的家长会因为孩子考到了 60 分就很开心，为什么你就不能为孩子考够了 60 分而开心呢？"

有的时候，我们会把"考不好"界定为"没有考出自己应有的水平"或者"没有达到想要的那个结果"。比如模拟考试一直都不错，结果正式的中、高考来了个发挥失常。或者特定能力的考级，没有通过。但实际上，正式考试和模拟考试的心态不同，发挥水准不同也是很正常的事。考试的结果受很多因素的影响，排在前四位的，就是考试时的心理状态、考前心理状态、学习方法及应考策略、学习基础及知识储备。我们不能仅凭考前知识储备这一项，就评判结果是好是坏。我们以为的"不好"，已经是孩子尽力平衡多项因素之后，能取得"最好"的那一个结果了。

"这个好或不好是由谁来评估的？是家长不满意，老师不满意，还是孩子不满意？"

这个问题是为了帮助大家澄清，"考好"到底是谁的期待。大多数时候，是孩子本来觉得还可以，但知道家长会不满意，因为家长的要求比孩子自己要更高。也有一些时候，是孩子比家长对自己更加严格，家长都觉得已经不错了，但孩子却觉得很失望。当然，如果我们再多问一句："一个孩子，是怎样从无忧无虑，学会对自己提出这么高的期待的呢？他是受到谁的影响，向谁学习的呢？"可能又会有一些新的答案冒出来。不管答案是哪一种，家长基于孩子的真实水平，调整到一个合理水平的期待很必要。合理期待的意思是，经与老师共同评估，与孩子平时的学习表现相匹配，孩子确实可以达到的考试表现。

"家长如果不满意，会做何反应？孩子又会如何反应？"

我提这个问题，是为了帮助大家反思和整合以往的经验。有的家长会直接把不高兴写在脸上，甚至严厉地教训孩子，从而让孩子承受比较大的情绪压力，产生自责、羞愧的感受。有的孩子会因为这份愧疚感而痛定思痛，奋发向上，从而取得进步。也有的时候，孩子也努力了，但无法坚持，或者没有换来让自己满意的效果，所以开始自甘放弃，家长的生气也不再有效果。有的家长会比较冷漠，用冷暴力惩罚孩子。孩子当然会受伤甚至害怕，有时会努力做出一些讨好家长的行为，试图让家长不再生气，但随着年龄的增长，孩子的自尊心未必会允许他表达这份伤心，反而可能安慰自己说无所谓，装作不受影响的样子，把冷战进行到底。不管如何，试图运用羞辱、惩罚、忽视等方式，激发孩子的自我否定甚至羞耻感，可能确实能让孩子为了证明自己而努力一把，但这种努力会比较容易产生损耗感。也可能达到一次目标，争一口气之后就陷入迷茫，继而容易泄气，进入"躺平""摆烂"的状态。

也有的家长可能怕伤到孩子所以掩饰自己的失落，嘴上说着没关系，眼神却明显地黯淡，孩子每天都在学习观察家长的反应，所以家长真实的感受可能想藏也藏不住，反而让孩子产生"自己的心理承受能力不被信任"的感觉。

"家长真正想要达到一个怎样的目标？"

在讲到底应该怎么做之前，我们需要再澄清一个问题——作为家长，你对孩子的期待具体是怎样的，你希望用多长时间让孩子达到这个目标呢？面对孩子不够理想的成绩，很多家长在做出行为反应前，可能根本没有意识到这个问题。答案可能是很多元的：也许是让孩子意识到自己不行，知耻而后勇；也许是让孩子赶紧找到方法，争取下一次考好，给自己脸上争光；也许是让孩子别太受打击，别因为太难过而一蹶不振丧失信心；也许是想让孩子感受到来自家长的接纳和关爱……还有很多的也许。认清和承认自己的目标，其实是很需要勇气的，而制定一个成长取向的目标，更加有助于选择恰当的教育方法。

如果是聚焦在成绩的现实改变上，那么达到这个目标就需要持续地努力，而不只是在考试成绩出来的那一天出点力气。如果是希望孩子可以感受到更多的支持和接纳，从而产生成长的内驱力，那么哪怕是一次有效的回应，都可能带来明显的效果。

"孩子考不好时，家长到底应该怎么做呢？"

如果孩子的成绩确实没有达到正常发挥时的范围，那他自己的心情肯定是有所失落的。当没有外在干涉时，孩子也会很自然地希望可以通过调整状态去达到自己应达到的水平。

对于小学低年级的孩子而言，多一些指导可能是有帮助的。但这个指导一定不是只让孩子反思自己做得不好的地方，而是相反，可以多用赋能的方法，帮助孩子找到信心和希望。比如问一问"你是怎样有效掌握那些做对的知识点的""你觉得有哪些有效的方法是可以多做的"。

处于青春期阶段的孩子，特别在意"我做一件事，是因为自己想做，而不是服从别人的安排"，在我看来，家长先要表达一下关心（毕竟也假装不了不关心，该问就问），接着，表达一下对孩子失落的理解（"你觉得没有发挥出正常的水平，心里也不好受"），再表达对孩子的信任（"相信你心中有数，知道该怎么办"），最后表示愿意提供力所能及的支持（"你需要我帮什么忙"），等待孩子的主动求助并予以力所能及的帮扶就可以了。

（作者单位：北京师范大学心理健康教育与咨询中心）

让孩子认识到"成长才是生命最好的姿态"

卢锋

先处理孩子考试"失败"的负面情绪

首先，这里说的考试"失败"主要是指考生主观上的心理失落，并不是指客观上的考分过低，一个认为自己考试"失败"的孩子，往往是对自己有期待、对结果很重视的孩子。这样的孩子有着较强的自尊心，对自身有要求、有期待，首先就是值得肯定的。

对于因为考试"失败"而产生负面情绪的孩子，教师尤其是家长需要避免常见的几个误区：第一个就是"转移"，比如带孩子出去旅游，给孩子买个新手机等，表面上是驱走了情绪，但情绪只是暂时消失，在一定时候，同样的情绪会再次出现；第二个就是"否定"，比如把孩子的情绪看成是多余的，是不应该出现的，甚至还会有"早知今日何必当初"等类似的冷言冷语，这只会增加孩子更多的负面情绪；第三个就是"忽视"，比如认为孩子的情绪虽然是正常的，但情绪是每个人自己的事，只能由孩子自己解决，这会让孩子感觉被孤立，被忽视；第四个就是"说理"，比如家长和孩子说大量的道理，不顾孩子的感受，当孩子处于负面情绪的时候，说教往往成为"噪音"，徒增孩子的困扰。

处理孩子的负面情绪，首先要接受他的负面情绪。例如："你看起来有点不开心""我感受到你有点失落""我知道你很生气"，等等。其次是要描述他的内心感受，例如："你为此付出那么多，但是考试分数没有你预想的那么高，你因此很伤心""一想到你可能读不了心仪的大学，你觉得很遗憾"，等等。最后，才跟孩子谈谈当下的选择和未来的打算。孩子真正担心的不是"失败"，而是害怕"失败"的后果，认同他的感受，理解他的内心，孩子就能感受到教师、父母和他站在一起，容易从"失败"中更快走出来，更好地面对"失败"。

帮助孩子学会接受学习或生活中的"失败"

教师和家长要让孩子明白，在学习和生活中，所有已经发生的"成功"或者"失败"都有其必然因素，只是以偶然的形式表现出来。

孩子在某次考试中"失败"也好，"成功"也好，都是之前的学习准备和临场发挥的综合结果。在考试中所谓的"超常发挥"或者"发挥失常"，其实都是围绕自己的"真实水平"，在考题结构和临场发挥等主客观因素共同作用下的浮动，所以都是有根有据、有因有果的，没有意外。对于考试乃至生活，我们都不能有侥幸心理，也不要有倒霉心理，都应该在内心深处了解事物发生的必然，从而更好地面对和接受，并及时作出应对和调整。

教师和家长要让学生意识到，很多时候问题不在于考试"失败"，而在于对"失败"的不接受所引发的问题。在生活中，对于已经发生的事件"不愿面对，不愿接受，不愿放下"，是人们心理困扰、不幸福的主要根源。"不愿面对"，让人们选择逃避、纠结；"不愿接受"，让人们选择抗拒、抱怨；"不愿放下"，让人们选择活在困境里。引导孩子在面对失败时，多对自己说"我接受""我可以"，学会有尊严地"输"，从而更好地审视自身，从容转身，走向未来。

引导孩子看见"失败"背后的正向价值

事物是一分为二的，任何事情都有两面性。高考等关键考试的"失败"固然是人生的一次重大挫折，但是如果能够在负面事件中看见正向价值，对孩子来说也是一次重要的成长。而孩子由于情绪问题，常常处于负面事件的"漩涡中心"，难以站在高位看清事件的全貌和真相，因此特别需要教师和家长的引导。

首先是要帮助孩子看见"失败"引发的负面情绪背后的正向价值。比如，愤怒给我们提醒，来让自己采取行动，满足需要；痛苦给我们思考，来让自己转变方向，做出改变；焦虑给我们指引，来让自己额外专注，提高能力；恐惧给我们勇气，来让自己承担代价，勇敢前行；失望给我们感悟，来让自己放下企图，学会接受；悲伤给我们觉察，来让自己珍惜拥有，取得力量，等等。我们要让孩子知道情绪有正面和负面之分，但并无好坏之分，情绪从来都不是问题，它只是提醒我们需要进行处理和调整。

其次是帮助孩子发现"失败"背后的自我心智模式。要引导和帮助孩子思考，在这次考试中哪些是做得好的，行得通的；哪些是做得不好的，行不通的。引导孩子自我发现，在以往的学习、生活中，是自己的哪些价值观、方法、态度等妨碍了自己实现目标，自己的心智模式还存在着哪些障碍，这些只有在失败时才能看得更加清晰。

再次，"挫折"本身不是财富，除非引导孩子善于从中学习，把"挫折"变为"存折"。抗逆力理论认为，抗逆力水平最终决定了一个人的人生高度，决定了一个人的未来能够走多远，而抗逆力水平是在克服挫折事件等逆境中不断增强的。因此，帮助孩子认识到"失败"经历的巨大潜在价值，孩子就能够更加客观、理性、全面地看待重大考试等人生的"失败"事件，不断提升自己在负面事件中发掘正向价值的能力。

让孩子看见"失败"背后的努力，建立积极的自我评价

面对中高考等孩子心中重大考试的"失败"时，很多孩子会从考试成绩的否定，上升为对自己人格、人生的否定，出现自我评价的盲点和误区。心理学"乔哈里之窗"理论认为，每个人都有自我盲区，即自己不知道，别人却知道的盲点。教师和家长可以在孩子"否定、消极"的自我评价基础上，做出"对冲"式的"肯定、积极"的他人评价，帮助孩子建立肯定自我价值。

对考试"失败"的孩子进行赞赏或肯定，不能随意化、务虚化，否则结果可能适得其反。一些抽象的鼓励和肯定话语，比如"其实你真的很优秀""你已经很努力了""你一直都很棒""你已经赢了""你真了不起"等，在孩子听起来更像是安慰、同情，甚至认为是"套路"，孩子难以将其内化为对自己的客观评价。亲子沟通专家阿黛尔·法伯和伊莱恩·玛兹丽施曾提出过赞赏孩子的三个技巧："描述你看见的，描述你的感受，把孩子的行为总结为一个词"，比如"你已经连续背了一个小时单词，你很有耐心""你每天都在 7 点前出门，你很准时""每次周末你玩手机的时间都不超过 2 小时，你很自律"，等等，通过事实与细节，搭建起"他人评价"和孩子"自我评价"的桥梁。

因此，在面对孩子的考试失利时，要注重肯定孩子学习过程中的具体细节，梳理和发现让孩子也无法否认的客观事实，能更好地帮助孩子重新看见自己，重新评价自己。比如，"你连续三年，每天学习超过 10 个小时""为了完成作业，你常常写作业到深夜""好几次我看你困得睁不开眼，却还在背单词"等，帮助孩子在考试"失败"中看见自己人格"成功"的因素，建立积极的自我评价。

告诉孩子"奋斗的路上，没有失败"

情绪 ABC 理论认为，引发人们情绪（C）的不是因为某件事情（A），而是源于我们对这个事情的看法（B），也就是说，情绪的真正来源是我们的认知和信念系统。孩子不能接受考试失败，出现负面情绪，在很大程度上也是源于对"失败"的片面认知，帮助孩子正确认识"失败",也是引导和帮助孩子快速走出困境的方法。

考试的失败不等于人生的失败。一次考试的"失败"只是说明过去的行为没有得到期望的结果,是提醒我们需要做出改变的一个信号,以寻求更好的应对方式。只有当一个人停止奋斗和追求时,才可以对他用"失败"来评价。只要我们总是心怀梦想,还在继续向前,事情就总会有好的解决和满意的结果,人生又何谈"失败"二字。爱迪生在发明电灯的时候,记者采访他说:"听说你在发明电灯的过程中经历了一千多次失败,你可不可以跟我们分享你的失败经历?"爱迪生回答说:"我从来就没有失败过,我只是经过了一千多个到达成功的步骤而已。"

所以,当孩子考试成绩不理想时,并不意味他失去了成功和幸福的可能,而只是在他奋斗征程和追求幸福过程中的一个经历而已,可以用来更好地帮助他自己看清比较优势和设计生涯发展。

教师和家长要引导孩子形成这样一个认识,生活难免有挫折,我们总会遭遇种种阻碍、失利或失败。如果能把我们每次暂时的"失败"看成是抵达成功路上的重要反馈,来审视修正自己的行动,那么所谓的"失败"就是我们的垫脚石,而不是绊脚石。人们常说年轻没有失败,就是指年轻充满着无限可能。让孩子理解青春不悔,奋斗不止,牢记习近平总书记的勉励——"奋斗的青春最美丽",相信自己只要在成长,只要在奋斗,"失败"也是美丽的。

引导孩子面向未来,帮助孩子做好生涯设计

当孩子较长时间陷入考试"失败"的负面情绪或事件中的时

候，说明孩子不自觉地选择了活在过去，容易产生"抱怨""受伤害""躺平"等心理和"无力量""被利用""受伤"等负面体验。引导孩子明确自己新的人生目标，并且落实行动计划，为自己的人生负起责任，能够让孩子及时地告别过去，面向未来，活在当下，拥有更多的积极力量。

朱永新教授在谈到最近关于高考分数的话题时曾说："其实每个时刻都能成为人生新起点，人生是一个立交桥，不是独木桥。"教师和父母要和孩子聊聊成长的立交桥，让孩子看见自我实现的多种途径和可能性。从教育类型上看，除了普通教育，还有职业教育；从学历类型来看，有普通高等教育和成人教育大类；从成才类型来看，有学术型人才、工程型人才、技术型人才、技能型人才；从职业类型来看，根据 2015 年版《职业分类大典》，我国职业分类结构为 8 个大类、75 个中类、434 个小类、1481 个职业，等等，可谓"条条大路通罗马，行行都可出状元，人人皆可成才"。面对考试"失败"的孩子时，教师和父母应自觉地利用好这个机会，引导和帮助孩子选择适合自己发展的学习路径和发展生涯，变人生"失败"的危机为人生"选择"的契机，尤为关键。

成长是生命最好的姿态！其实，在成年人的世界，同样存在着各种各样的"失败""挫折""不如意"。让我们和孩子一起面对"失败"，勇敢地面对，负责任地选择，积极地行动，因"失败"而成长，因"挫折"而强大，因"不如意"而精进，我们都能绽放生命的精彩，活出无悔的人生。

（作者单位：苏州市职业大学思政部）

转"危"为"机"需要教育智慧

林丹华

面对失败，孩子们最为常见的思维误区之一是"中高考失败了，意味着我是一个没有价值的人"——把失败事件和个人价值绑定，陷入自我否定、自责之中，认为一次失败就是永久性的失败，自己再没前途和希望。如果孩子们一直困在其中，并缺少来自家长、老师、同伴的爱和支持，其心理能量可能会耗竭，将更难走出失败的泥沼。要帮助孩子从失败中奋起，最重要的原则是"多陪伴，少说教"：通过陪伴，孩子会相信自己是重要的和被爱着的，而减少说教，可以让孩子正在恢复中的自我价值不至于再度受伤。

第二种常见的思维误区是"失败说明我没有能力"——这些孩子们将失败片面解读为能力不足，并忽视从失败中获得成长进步的机会。如果父母回顾自己的生命历程会发现，在经历挑战和失败后，往往会对人生有新的理解、领悟，还可能会更加成熟、坚韧、有勇气。脑科学研究证实了人们在失败中成长的生理基础——在压力和挑战下，大脑神经元的成长速度更快，且如能在失败中坚持努力，并采取有效的方法，大脑可以更快速地学习和成长。"塞翁失马，焉知非福"，如果想要让孩子们在逆境中获得成长动力，另一个重要的原则是"积极关注，聚焦解决"，即让孩子们看到自己做得还不错的方面，并见证其成长改变的意愿，最终帮助孩子充分认识到自己可以从失败中成长。

多陪伴，少说教

曾经有高考失利的学生这样告诉我们："当知道分数后，我听到父母说什么，都会觉得他们在说我的失败，但其实他们一直在想方设法安慰我。"当处在失败的阴影下时，孩子们很难听进父母"讲道理"的话语，此时最好的做法就是多陪伴——理解孩子的不容易，为孩子在物质和生活上提供帮助，多倾听孩子的想法，接纳他们的焦虑、不安、担忧等情绪，而且告诉他们，如果有需要可随时来找父母。陪伴孩子的过程中，最为重要的是倾听，倾听中需要做到"语气平静"和"少说多听"，平静的语气可以降低孩子们的焦虑感，而多听则可以让孩子们感觉到被理解和关爱，从而吐露内心真实的感受。以下是一些可用的例子：

"我感觉你在思考一些事情，你想和我说说吗？"

"这件事确实是一个很突然的打击，我和你一样，都很难过。"

"这几天休息得还好吗？需要我做些什么吗？"

"如果你希望找我聊，随时都可以。"

"少说教"共有三部分，分别是"少励志教育""少空洞安慰"和"少直接给建议"，这里我们将展示一些不恰当的做法，并分析其效果欠佳的原因。

"少励志教育"

错误示范——家长："你看，×××复读了3年，最终考上了清华。"

学生："我是个学渣，跟人家差远了，没办法。"

失败原因："励志鸡汤"的事例反而会让孩子在比较过程中损害他们的自我能力感和价值感，激起自我防御反应。而且，正处于心理"恢复期"的孩子，也不适合"大步跑起来"。

"少空洞安慰"

错误示范——家长："加油，你一定行。"

学生："太累了，还是算了吧。"

失败原因：空洞的安慰会让孩子觉得敷衍，虽然能够体会到好意，但是很难获得被理解的感觉。

"少直接给建议"

错误示范——家长："×× 学校 ×× 专业也不错，你的分数足够报。"

学生："我不喜欢那里。"

失败原因分析：家长直接给建议会让孩子们觉得自己不被尊重，如需给建议，可以加一句"你觉得如何？"来征求他们的意见，维护自主感。

积极关注，聚焦解决

积极关注，简而言之就是基于事实的鼓励和肯定孩子，帮助孩子确认自己的能力和价值，以修复自信。在高考失利的情境下，想要积极关注到孩子的内心深处，则需要引导孩子"自我夸奖"——

孩子："完全考砸了，我的未来没有希望了。"

家长："听起来确实不容易，我也看到你在这个过程中做了很多努力。有没有哪些方面，你觉得做得还可以？"

当孩子说出自己的积极部分时，家长可以通过"还有吗？""一定还有吧！"这样的语句，引导孩子多进行自我赞美，也可以直接赞美这些部分——"被看到"的感觉能提升孩子们的自信和自我价值感。

如果家长们已经做好了积极关注，孩子的信心往往会提升，这时可以趁热打铁，询问孩子后续的打算，聚焦解决方案。这时切忌直接提建议——在不了解孩子的想法时提出的建议，往往会激起反感。在此，特列出几个比较有效的亲子对话片段——

家长："听起来你已经有了些想法，就目前而言，你觉得什么最重要呢？"

孩子："我想……（提出对自己重要的价值、决定等）"

家长："听起来这个确实很重要，我想你肯定也全面地思考过了这个决定，那你第一步打算怎么做？"

孩子："我眼下准备……（提出计划、安排，尤其是当下的一小步）"

家长："好的，我相信你可以做得很好，如果你有需要，我们随时可以再聊。"

这里需要注意三点：首先，每个家庭都有独有的沟通习惯，只要抓住核心点"你的想法很重要"和"当下一小步"即可，其他内容可根据情况融会贯通使用。其次，如果这个时候孩子说"我也不知道该怎么办"，我们可以包容地回应"没关系，你可以慢慢想，我随时都在这里"。我们的接纳、包容和随时的可被联系到，可以让孩子更快地恢复；相反，如果我们执意"讨个说法"，反倒会扰乱孩子的心神，阻碍成长。最后，如果孩子出现了持续两星期以上的失眠、情绪低落、暴躁易怒、茶饭不思、兴趣丧失等现象，或者杜绝和所有人来往，且已经影响了正常的学习工作，那就需要专业的心理咨询师来提供帮助。

所有的不美好都是为了迎接美好，所有的困难也都会为努力让行，每个人都会经历暂时的黑暗和恐惧，每个人也都有一个灯火通明的未来在远方等待。如果目前的结局让我们不快乐，那说明这一定不是最终的结局，希望经历过中高考失利的孩子，都能把压力和挫折化为前行的力量，走向属于自己的美好未来！

（作者单位：北京师范大学心理学部）

话题 **13**

"契约精神"
让孩子受益终身

居家学习期间，很多家长最愁的事情就是孩子生活不规律，学习没动力。家长如何帮助孩子提升自控力，改善行为习惯，提高学习能力？"行为契约教养法"值得家长尝试。用"小的行动"启动"改变的历程"，用"小的成就"促进"正向反馈"，进而形成积极正向的循环，最终带动大改变，帮助家长提升家庭教育的质量。

培养契约精神，让孩子为自己负责

刘朝莹

孩子为什么不负责任

现在的很多孩子缺乏自主性，为什么呢？因为他们的生活中、教育中缺少"为自己的行为负责任"的环节。本来不好好吃饭会饿，可是家长会追着喂饭，准备一大堆的零食，让孩子没有机会体会"不吃饭会饿"，孩子体会到的是"不吃饭会有更好的待遇"；本来孩子不起床会迟到，可是家长一定会想各种办法叫孩子起来，替孩子穿衣服，扶着睡眼惺忪的孩子到学校，孩子没有机会体会"不起床会迟到会挨老师批评"，孩子体会到的是"我不用管，我爸妈会为此负责"；本来孩子不收拾玩具会乱、会丢、会下次找不到，可是家长会帮着收拾得整整齐齐，孩子体会到的不是"不收拾很麻烦"，而是"玩具会自动归位"。

于是，孩子知道了，他可以不用负任何责任，生活依然很美好。家长忙得团团转，边忙边抱怨。这样就形成了恶性循环，亲子关系也会越来越糟糕。

现在特别流行一句话:"孩子的问题都是家长的问题。"其实这句话不对,孩子的问题不能全部都怪到家长头上。根据家庭治疗的观点:孩子的问题既不是孩子的问题,也不是家长的问题,而是家长和孩子互动出来的问题。行为契约就是改变家长和孩子之间的互动方式,让孩子和家长都为自己的行为负起责任来。

合理的约定让责任回归孩子

行为契约中,亲子双方约定:"孩子完不成作业不能玩手机,完成了可以自由地玩 20 分钟手机。"这意味家长要改变,不能一味地禁止,而要给孩子玩手机的机会。孩子也要改变,有了玩手机的机会,但是有条件,是否能玩,不取决于爸爸妈妈,而取决于自己的行为,这样孩子就需要为他的行为承担责任了。

小轩的妈妈发现,自从她与高一的儿子签订了玩游戏的契约之后,孩子的自控力变强了,每天都是完成作业后玩一会儿电脑。有一天,亲戚家小表弟来家里,拿了 iPad 在他面前玩。小轩对表弟说:"你去另外一个屋吧,我写完作业再去找你玩。"妈妈非常惊喜,要是以前,小轩一定会跑过来跟表弟一起玩个痛快。对小轩来说,这个选择题特别容易:

A. 我现在就和表弟玩。损失一,没法及时完成作业;损失二,得偷偷摸摸地玩,像做贼一样;损失三,契约执行表上也得画个大大的叉。

B. 写完作业再和表弟玩。收获一,及时完成作业;收获二,可以光明正大地玩；收获三，抵制了诱惑，顺利完成了契约。

选 A 还是选 B，对孩子而言是轻而易举的决定。所以说，激励规则设置得合适，孩子就会愿意去克服困难，愿意作出更理性的决定。

行为契约就是通过一些约定设计，让孩子承担起他该负的责任，让父母学会放手，同时也减少唠叨，减少冲突。好多父母对我说："现在孩子都是自觉完成任务，我们都感觉自己是多余的了。"

行为契约不仅教孩子为自己的行为负责，也激发了孩子的自信，提升了孩子的内在动力。有位初三的孩子云朵，她的英语经常考不及格，妈妈和孩子签订了学习的行为契约。三个星期之后，孩子的作业就从全是 C 和 B 变成了全是 A 的惊喜，英语月考成绩也从不及格到优秀。妈妈说："这个惊喜，让孩子重新燃起了对自己的希望。有这样一段经历，将来孩子在面对困难时，也会从这次突破中获得力量。"

著名心理学家马斯洛提出了需求层次理论，指出人们的需求从低到高分别是：生理需求、安全需求、归属需求、尊重需求和自我实现的需求。作为父母，我们要信任孩子，相信他也想要做好，也有"自我实现"的需要。

温和坚定执行体验更深刻

除了设置合理的规则，执行的时候也要有温柔而坚定的态度。签订了行为契约，可以允许孩子做不到，从而让孩子体验

"违约"的感受。有位妈妈和女儿小敏定的契约是收拾房间，小敏说："我今天就不想收拾。"签订契约之前，女儿这么说，妈妈就会跟在后面唠叨，讲一大堆道理。但是有了行为契约之后，妈妈只是微笑着说："可以呀，只是你玩电子产品的时间要取消了。这是你的选择，我尊重。"结果等到晚上，妈妈发现孩子已经悄悄地把房间收拾好了。妈妈二话不说，就把手机给了孩子。少了各种争吵、博弈，亲子关系变得和谐了很多。

家庭中的父母和孩子就像在跳舞，你进我退，你退我进。当父母能心态稳定、语气温和、态度坚定地推动执行时，孩子也会坚持执行。

"播种一个行为，你会收获一个习惯；播种一个习惯，你会收获一种性格；播种一种性格，你会收获一种命运。"行为契约教养法是从行为的改变入手，进而帮助孩子养成负责任的精神，养成契约精神，最终会改变孩子的一生。

（作者单位：北京师范大学心理学部）

契约，从一张纸变成了一种精神

赵静

第一次与孩子商定契约，我就把目标瞄准在手机的使用时间上。经过一波三折的商定，最终确定了孩子的行为目标只有一条：每天晚上按时上交手机。当时孩子提出，如果能坚持执行一周，就让我给他 100 块钱作为奖励，我也爽快地答应了。一天过去，两天过去，孩子都如约上交手机。我每一天的欣喜都会大于前一天。到一周结束的时候，我兑现了奖励，并且承诺孩子拥有这 100 块钱的支配权，我完全不会过问和干涉。

第一份契约结束后，我尝试问孩子，还愿意再续签吗？孩子出乎意料地回答说："我可以每天按时上交手机，不过不用再签契约了。"我虽然心里有些不敢相信，但还是出于尊重没有再多说。事实证明，契约的力量比我想象得要大很多，孩子真的坚持了每天按时上交手机。周末的时候，孩子偶尔会表示不想上交，也会提前征得我的同意。

春天很快过去了，疫情稍微稳定之后，孩子们恢复了线下教学，回到学校的第一周，学校就进行了测试，孩子的成绩比网课前还稍有提升。从那之后，我们明显感觉到孩子对待学习的态度有了改变，因为"自治"的过程与成绩提升的结果有了呼应，孩子就会更愿意为自己想要的结果去付出努力。

另外，我也有了改变，在尝试执行契约的过程中，我最大的收获就是开始关注自己说话的"有效性"。原来的我是一个动不动就生气的人，日常与孩子相处的过程中，很多细微的琐碎都会让我生气。比如打扫房间的时候会因为茶几上有点心的碎屑而生气；吃饭的时候会因为有人把油溅到餐桌上而生气；要出门的时候会因为等着爱人处理消息而生气……于是在我们家经常会听到我大呼小叫：我说了多少次，吃东西不要掉渣，掉了不知道擦一下啊！早就说走，你非得等要走的时候才看手机啊！……这种话时不时就会划破家里和谐的氛围，搞得大家都不开心。

尝试执行契约的过程让我意识到，之所以这么一纸契约，孩子愿意并且能够遵守，原因就在于我们在契约中把要求作了清晰的表达。比如我跟孩子签订的契约，不再是"不早了，别玩儿了！把手机给我"，因为这个早不早，完全是基于家长的心情。而签订了契约就不一样了，上交手机的时间，是家长和孩子提前商定好的，在规定时间之前，家长就会对孩子使用手机有一个允许范围，规定时间到了以后，孩子也有结束使用手机的心理准备，这样，家长提出的要求就"有效"了。

当然，最大的改变是我们的亲子互动氛围。我和孩子不再相互指责，而是更多地表达期待，因为当我们说"不许这样、不许那样"的时候，远远不如说"可以这样、可以那样"更有效。同时，我作为家长，不再执着于孩子做得不够好的部分，而是更多地聚焦于孩子已经完成的部分。这些改变的发生，让整个家里的氛围都变得更宽松、更幸福了。

起初，契约是一张纸，慢慢地，契约就变成一种精神。2022年春节过后，孩子已经进入高三，又一轮疫情延迟了开学，我发现孩子竟然跟几个要好的同学建了一个QQ群，约定按照学校的作息时间，每天早起坚持跑步，然后在群里打卡相互监督。我心想，这不就是一种同伴契约吗？孩子已经自主地把行为契约用到了学习生活的方方面面，去争取更多的进步，现在，我的孩子已经考入自己心仪的大学。作为家长，真的非常感谢"行为契约教养法"，也希望更多的家庭能够学习这个方法并从中获益。

（作者单位：河北省保定市顺平县河口乡小学总校）

行为契约，让青春期与更年期和谐相处

杜福秋

儿子小的时候，我使用"儿童技能教养法"等系列"育儿招数"帮助孩子养成了很多好习惯。随着孩子逐渐长大，尤其是到了青春期，这些方法就不适用了，他有自己的想法了。比如不让他看手机，他会说："为什么你们能看，我就不能看？为什么你们回家就可以不工作，而我就要一直学习？"随着学习压力的增大，孩子情绪也越来越烦躁；作为家长，我们也进入了更年期，越来越焦虑，我们的亲子关系也遇到了挑战。

就在我一筹莫展之时，一位朋友推荐我参加了行为契约教养法认证培训活动。周末两整天的培训结束后，我和儿子商量签订契约。

儿子开始对这件事不以为然，他觉得契约就是约束他的。我和他说："咱们俩都要签，妈妈也需要监督、提醒。比如运动、喝水这些事情，妈妈一累、一忙，就犯懒，有的事情就拖延或放弃了，妈妈想通过和你签订契约，请你也督促我，帮我养成好习惯！"儿子看着我，有些不相信，好像在说："妈妈还需要我来督促？妈妈能听我的吗？"我把行为契约模板递给他，让他看确实有家长部分，他高兴了，说："这还差不多！"

于是我们俩先从讨论他的目标行为开始。通过沟通，我发现，其实他也想管住自己看手机，只是有时开始是因为学习而使用手机，用着用着就点开其他页面看上了，时间就过去了。于是我俩就根据行为契约中目标三原则来确定目标。第一个目标行为就是使用手机的问题。经过充分的讨论、沟通，我们达成了共识，儿子放学先用五分钟看一下班级群的信息，了解当天的作业，在规定的时间内完成作业，可以奖励看手机的时间，每天不超过 30 分钟。第二个目标行为是写作业的效率问题。儿子根据自己的实际情况，认真思考了自己哪些科目写得快，哪些科目有困难，分别规定了每天完成作业的时间。第三个目标行为是他一直头疼的背英语单词的问题。我把目标三原则中的第三个原则"每天一小步"讲给他听，建议他先从每天背五个单词开始。他一听，欣然接受。

接着就是激励措施了。其实在讨论目标行为时，他就提到了奖励他玩手机的时间。虽然我内心不想让他玩手机，但是想完全禁止孩子玩手机也是不太可能，还不如有所限制地玩。于是我和儿子协商一致：每完成一个目标行为，奖励 10 分钟，如果没有完成，不仅不能玩，还要反扣 10 分钟。如果当天没有使用奖励时间，可以累积到周末使用。

行为契约中，对我挑战最大的是运动。所以我第一个目标行为是每天运动 10 分钟。第二个是每天保证喝水两千毫升，第三个是每天坚持录一个心灵花园故事。我完成了目标行为，儿子就给我按摩 5 分钟，我完不成，第二天就加倍。

在执行期间，我有时因为忙、累，真想不坚持，但是想一想得给儿子做榜样，于是就咬牙坚持。儿子虽然偶尔也有控制不住自己而使用手机的时候，但是多数时间还是做到了，儿子自己发现，因为管理好了手机，学习的效率提高了。每天背 5 个英语单词，也觉得不费力，不再抵触了。第一轮契约结束后，儿子主动要求继续签订契约。

与"行为契约管理法"结缘已经快两年了，这两年，也正赶上儿子的青春期，但因为我们有行为契约，我们的冲突少了，我和儿子的关系更好了。无论是制定契约，还是执行契约，我和他都是平等的：我们一起商量我们的行为目标，其实这时候是在自我反思，也是在互相建议，帮助对方成为更好的自己；我们一起商量我们的奖惩，其实这时候是在表达自己的需要，也是在了解对方的需要，尊重自己，也尊重别人；我们一起执行我们的契约，其实这时候是在挑战自己，也是在鼓励对方坚持……

这就是行为契约中所说的"互相成就"。自从签订行为契约后，儿子的学习不断进步。我也坚持运动、坚持读书，情绪稳定，遇事也不急不躁了。在我家，青春期和更年期没有擦出火药味，而是一起执行契约，做最好的自己！

（作者单位：首都师范大学附属回龙观育新学校）

行为契约教养法的三要素

刘朝莹

细节决定成败

很多家长给孩子定过一些约定，"写完作业才能出去玩""物品要收拾整齐""考好了带你去吃大餐"……管用的却不多。为什么呀？因为很多思路错了，细节也不到位。

在见过几百份家长和孩子的契约之后，我总结了好约定的三个要素，细化总结成了行为契约教养法，指导家长与孩子一起提高自控能力。这三个要素是：目标、激励和执行。

行为契约三要素是家长最容易出错的地方。制定目标有 3 个原则：目标少而精、目标可量化、前进一小步。制定激励措施有 5 条原则：相互成就、成人之美、物质精神两手抓、及时与量化奖惩、双 60 分原则。执行时也要遵守 5 条原则：温和沟通、坚定拒绝、安抚情绪、同伴影响和坚持打卡。一共 13 条原则，60 多个字，可以解决很多常见的亲子契约问题。记得住，才能用得上。可以想象契约的目标，就像人的头脑，激励和执行就像人的两个手，通过这两个环节，实现目标。

很多约定都是家长对孩子提出的要求，和家长讲课的时候，讲到家长要做孩子的榜样，和孩子一起改变，家长说："对，有道理。"可是真的到上传契约时，就看到很多家长只提了对孩子的要求，对自己的要求一个字都没有提。于是，有了行为契约的模板，同一页纸上分上下两部分，一半给孩子，一半给家长，这样家长就不好意思说："先把你的目标填上，我这部分空着。"这个模板就促使家长去思考：我要和孩子一起做哪些改变？读书、跑步、早睡都可以。这样不仅摆脱了家长高高在上的局面，而且调动了孩子的积极性。有些家庭孩子会跑来监督家长："妈妈，你今天跑步了吗？你打卡了吗？"

在家长眼里，孩子需要改的事情非常多：写作业拖拉，不爱刷牙，不爱收拾玩具……能列出十几项。如果定行为契约时，把十来项都列上，孩子肯定不干，效果也不好。制定契约需要遵循目标少而精的原则，不要超过 3 个，精力聚焦，就像用凸透镜点火柴，把光线汇集到一个点上，才能点燃火柴。

前进一小步也非常重要，不能一口吃个胖子。比如，孩子写作业非常磨蹭，写一份卷子要 40 分钟，如果妈妈说："孩子，咱们定个契约，明天开始，你 20 分钟写完卷子，就算是完成契约。"孩子会和您签这个契约吗？不签，为什么呀？臣妾做不到呀。这位妈妈说："从明天开始，只要你比前一天快一分钟就可以。"孩子就欢呼雀跃，积极行动，三周后同样一份卷子只用 20 分钟就能完成了。再比如说，有个妈妈跟孩子说："你一天背 20 个单词吧。"孩子说："太多了，我背不了。"妈妈说："那你希望每天背几个？"孩子说："5个可以。""5个就5个。"这个孩子就把每天背5个单词的习惯从初一坚持到初三，英语水平逐年提升。这就是把目标调整之后，孩子更愿意执行了。所以，目标设定要遵循刚刚说到的三个原则：目标少而精、目标可量化、前进一小步。这样制定出的目标，孩子有动力，效果更好。

亲子双方要相互成就

第二个要素是激励的设定，激励中最重要的一条就是相互成就。契约不是让家长约束孩子的，而是促进家长和孩子改变的。这个原则是看了几千份契约之后新加的。在亲子契约中，会看到这样的约定："家长的目标是每天发火不超过三次。如果家长做到这个目标，则孩子多做一套卷子。如果家长做不到，则满足孩子一个要求。"这样的约定，孩子内心是希望家长做到呢，还是不希望家长做到？如果一个契约导致孩子天天盼着家长出错，教育方向就错了。好的激励是相互成就，孩子愿意帮助家长完成目标，家长也希望孩子完成。把"满足孩子一个要求"放在孩子的激励中，让孩子学到：他想要的生活，不能盼着别人出错来得到，而是需要他自己努力去获得。

激励中另一个重要原则叫"成人之美"，即给孩子的激励一定是孩子想要的。朋友孩子的学校给表现好的孩子发星星，学期末可以用星星去兑换奖励，孩子盼呀盼，终于盼到学期末兑奖的那一天，结果噘着嘴回来了。为什么？老师给孩子的奖品是两套卷子。家长们给孩子设置激励的时候，千万不要犯这种错误，而是要了解孩子的兴趣爱好，满足孩子内心深处的渴望。

一提到精神奖励，很多家长就不知道该怎么用。裴多菲有首名诗："生命诚可贵，爱情价更高。若为自由故，两者皆可抛。"自由和权力是对各个年龄段的孩子都适用的精神激励。我们给孩子们设计过很多卡片，比如免责卡，也叫免唠叨卡，就有请父母不唠叨的权利；比如自由卡，在家长和孩子观点不一致时，可以让孩子做回主。还有些家庭自己设计卡片，比如妈妈陪睡卡，比如爸爸讲故事卡等，和孩子沟通，可以创造出更多有趣的精神奖励。

好的契约不执行就是废纸一张

第三个要素是执行，再好的契约，不去执行，也等于废纸一张。执行不顺利的时候，第一件事就是温和沟通，亲子之间可以把契约和执行情况当作抓手，用启发式提问，了解为什么没有做到呀，需要什么帮助，明天可以想到那些办法达成目标，这些问题帮助孩子思考，也调动了孩子的主动性，自己想的办法更愿意执行。

家长们还可以用更有趣的方式来沟通，比如比喻法，用形象化的方式让孩子知道我现在生气到什么程度了。有位妈妈极其有创造性，她女儿吃完饭该去写作业，还没有去。妈妈说："我的耐心就像我碗里的饭，很快就要没有了。"女儿真的过来看看妈妈的饭碗，转身回房间写作业去了。妈妈惊讶了：比大呼小叫讲道理发脾气好用太多了。

第二件事是坚定地拒绝，当孩子不能执行契约约定时，一定要坚定地执行，该拒绝的要拒绝。一味地放松让步，只会助长孩子不守约的习惯。

接下来要安抚情绪，能理解孩子坚持目标的不容易，理解孩子被"惩罚"时内心的生气。孩子被理解之后就会变得非常懂事。

一个人走得更快，一群人走得更远。我给身边的朋友建立了行为契约践行群，大家各自定自己的成长目标，有的读书，有的写读书笔记，有的跑步，有的做瑜伽，还有的陪伴孩子。大家把执行情况发到群里，互相激励着，朋友们说，要不是有同伴的支持，都坚持不了一个月。现在已经坚持一年多了。

"纸上得来终觉浅，绝知此事要躬行。"您也和孩子签个契约吧，您和孩子都会体验自律的奇迹。

（作者单位：北京师范大学心理学部）

高效学习有诀窍

　　高效的学习，不仅仅是听、是记、是练，更需要学生调动多种感官真正参与到学习过程中去，在教中学，在做中学，在创中学。如何以有限的时间穿越无限的知识海洋，如何做到高效学习？以下文章将帮助学生找到高效学习的诀窍。

高效学习要解决三个问题

夏青峰

促进学生的高效学习需要解决三个问题，学习动力、学习方式和学习结构。

解决学习动力的问题

要让学习事半功倍，学生学习的内驱力是关键。毕竟学习是学生大脑内部适应与建构的一个过程，外界是替代不了的，学生自己不想学，啥方法都白搭。学生自己特别想学了，一切都好办。让学习高效，最关键的就是要让学生想学。

提升学生学习的内驱力有多种路径，第一种路径是强制，不学习就会受到惩罚，学生由于恐惧而产生必须要学习的念头；第二种路径是功利性的竞争，让学生产生竞争的愿望，超过别人，考上好中学、好大学，等等；第三种路径是激发学生对美好未来的向往。显然，让孩子们始终保持对美好未来的向往，是最强大和最持久的力量。但反思现状，我们很多时候不由自主地在强制、在竞争方面不断着力，做足文章，恰恰少了用美好的向往来激发孩子们。

我们需要在这方面不断地下功夫，让孩子们更多地看见生活的美好、感受生命的美妙、理解奋斗的意义，更多地体悟人与自然、人与社会、人与自我的关系，把个体的成长融入民族的复兴、国家的发展和人类的进步当中，眼纳千江水，胸起百万兵，把孩子们的格局喂大了，小我的焦虑就会少些，学习的动力就会强些。"功夫在诗外"，往往就是这个道理。

这就要求我们的学校、老师一定要聚焦于人的成长，把学生的成长当成目的，而不是把学校的发展当成目的。"办成什么样的学校不是目的，培养出什么样的人才是根本。"手段与目的不能颠倒。

这需要一种教育目标的回归，让人更好地成为人。首先是培育人，在人的基础上让他成为人才，先是人再是人才。而且人才是个矢量，不是标量，人才是有方向的，必须对社会有贡献。我们提出三句话：让人成为人，让自己成为自己，让世界因我更美好。通过"志、趣、毅"三者的融合，让学生内心中始终涌动着自强不息的精神，从而产生强烈的、持久的学习内驱力。

解决学习方式的问题

"过什么样的生活，就是接受什么样的教育。"高效的学习，不仅仅是听、是记、是练，更是需要学生调动多种感官真正参与到学习过程中去，在教中学，在做中学，在创中学。我们通常说，要给孩子以鱼，还要给孩子以渔。其实，仅仅给孩子以鱼或者以渔，都是不够的，更重要的是，要给孩子们一个有风有浪、宽广辽阔的渔场，让孩子们亲自下水去捕鱼。

我们需要处理好课程、学生、教师三者之间的关系。以往，是专家编订好课程教材，然后培训教师，再由教师传授给学生。如果从消费视角来看的话，学生实际上是消费者，课程是消费品，但是消费者与消费品之间的联系不是直接的，中间有教师这个"二传手"。我们要改革的就是，让消费者与消费品之间产生直接的联系，学生能直接面对课程，而不需要经过"中间商"。

那教师做什么呢？教师首先要作用于课程，可以称之为"改革供给侧"；其次要作用于学生，可以称之为"激活需求侧"，两个方面都要发生作用。也就是说，教师需要改革供给侧，在课程方面下功夫，将国家编订的课程进行校本化实施；同时，需要激活需求侧，激发学生学习活力。就像食堂做饭一样，第一是想着如何把饭菜做得更加有营养、更加好吃，在丰富性的基础上具有选择性；第二是想着怎么激发学生的饥饿感，让他特别想去吃。

在改革供给侧方面，教师需要建立系统的思维。对整体的学科课程进行分解分类，形成不同的要素，建立不同的结构，横向上如何拓展，纵向上如何贯通。让学生在学这门学科时，在脑海中能构建一个整体的学科结构。

在激活需求侧方面，要解决"被动等待"和"低阶思维"两个问题。最重要的是让学生体验到"主人"的感觉。学习过程中，如果学生不能按照自己擅长的学习方式去学习，不能按照自己适合的学习节奏去学习，不能学习自己喜欢或想学的内容，而总是按照教师的统一要求，总是在被动地等待中，那么学习的主体地位则无从谈起，学习的效率也可能大打折扣。

解决学习结构的问题

首先要明晰教与学的结构关系。我们总结了三个关键点：第一，教是为了学，强调不能将手段和目的混淆和颠倒；第二，学是需要教的，强调教与学的相互依存关系，不能轻视教的作用；第三，教在学的需要时，强调教的时机，教一定是在学生"心求通而未得，口欲言而不能"时，在学生达到"愤悱"状态时出现，这样才能事半功倍。在此基础上，我们需要处理好四个结构关系问题，把握好它们之间的平衡。

第一个是"多与少"的关系。我们给孩子的知识是越多越好，还是越少越好？我们如何处理多与少的关系？怎样通过少而精的核心概念把知识点提炼出来？

第二个是"长与短"的关系。每个孩子在学习上都有长有短，我们到底是扬长，还是补短？如何通过扬长来增强孩子的自信心，让他获得成功感，从而带动他的全面发展？

第三个是"分与合"的关系。现在，实际上是分科教学，但又倡导跨学科学习和学科融合。而在此过程中，我们又发现有些误区，比如说语文课不像语文课，数学没有数学味，跨学科学习变成了一个大杂烩，这是不行的。我们需要认真思考三个问题：第一，人类当初的知识是"合"的还是"分"的？第二，后来为什么要将知识"分开"呢？第三，现在为什么又要强调"合"？我们在推进"合"的学习过程中，必须认真处理好知识"分"与"合"的关系，把握"分"与"合"的平衡。一方面，做好"分"的学习，"分"学得不扎实，即使做再多的"合"，也形不成合力。另一方面，形成"合"的效能，通过"合"的学习实践，提升学生综合解决问题的能力。

第四个是"进与出"的关系。知识进入我们的脑海，为的是将来能"出来"解决现实中的问题。也就是说，"进"只是一个手段，"出"才是目的。首先，要整理"进"的知识，让它在大脑中变得有体系、有类别、有顺序。其次，要让知识从大脑中多"出"几次，多进行"出"的演习。可以把知识"讲出来"，通过教别人来实现；可以把知识"做出来"，动手操作，通过把知识外显化来实现；可以模拟问题场景，通过解决实际问题，把知识"用出来"……总之，教师需要引导学生运用各种方法，有意识地开展"进"与"出"的互动，以"出"促"进"，以知识的外化促知识的内化，实现"可见的学习"。

（作者单位：北京中学）

全面发展恰能带来高效学习

——脑与认知科学揭示谷爱凌的成长密码

陶沙　张海博

从谷爱凌的经历可以观察到，相比于只专注于学校学习这一种活动，在丰富的活动中找到平衡，不仅可以实现全面发展，而且也更有助于高效学习。实际上，脑与认知科学有关学习的相关研究实际上已经揭开了谷爱凌的"秘密"。参与丰富多样的活动，通过交错、分散学习，可以获得比单一、集中学习更好的成效。

人的全面优质发展离不开丰富的活动经验

马克思、恩格斯曾这样描绘人的全面发展理想图景："任何人都没有特定的活动范围，每个人都可以在任何部门内发展，社会调节着整个生产，因而使我有可能随我自己的心愿今天干这事，明天干那事，上午打猎，下午捕鱼，傍晚从事畜牧，晚饭后从事批判，但并不因此就使我成为一个猎人、渔夫、牧人或批判者。"这一经典著作所描绘的理想图景提示人的全面优质发展前提在于丰富的活动和经验。而科学研究正在不断积累证据，为这一论点提供了越来越多的支持。

丰富的活动经验是高水平认知和学习的基础。研究显示，缺乏背景知识是限制阅读理解水平提高的主要问题。当阅读者对主题相关的词汇量和背景知识达不到一定阈限时，任何阅读策略和答题技巧训练都不能克服阅读理解偏差。而在提升主题相关词汇量和背景知识后，无须教授任何策略和"刷题"，阅读理解的正确率和速度显著提升。可见，提高阅读理解等关键性学业能力，必须超越课本、课堂和练习册，从参与各类实践活动中获取丰富的知识。

学习外语益处多。多项追踪研究表明，接受双语教育、会说两种及以上语言的人比只会说一种语言的同龄人在认知控制、语音加工等方面具有一定优势。即使对于存在巨大差异的汉语和英语学习而言，两种语言的学习可以相互促进，产生 1+1 大于 2 的效果。这一方面由于双语儿童和成人在日常语言活动中需要时刻保持对两种语言使用及转换的主动调控，其注意调控等高级认知功能得到促进。另一方面，双语学习和使用还有助于促进脑结构和功能发育。学习两种语言的人左侧顶下小叶（负责信息整合加工的脑区）灰质密度较大，而且外语水平越高，脑发育受益越多。即使外语水平有限，只要在日常生活频繁使用双语，则脑白质发育、脑网络效率都可得到提升。

音乐训练增进语言学习和脑发育。对比高水平音乐家和普通人的研究结果表明，音乐家脑的灰质体积较大，提示音乐学习可能促进了脑结构发育。后续许多干预训练研究进一步排除了音乐家职业可能存在的先天遗传倾向的影响，进一步支持了音乐学习促进脑与认知能力发展、语言学习。一项对 6 岁儿童的随机干预研究显示，仅仅 35 小时的键盘乐器演奏训练就显著促进了脑的听觉、运动区及胼胝体发育。不仅如此，音乐学习还显著提高了听觉皮层的敏感性、加工的精细程度，以及抗噪音干扰的能力。我们在北京一所小学开展了为期一年的课后音乐活动，结果显示，乐理、节奏、歌唱等音乐学习有效增进了小学生的脑对视听等不同通道的整合能力，为记忆、认知调控和外语阅读学习等准备了"更强大脑"。

"四肢发达头脑健。"不仅谷爱凌如此，我国乒乓球名将邓亚萍先后在清华大学、诺丁汉大学和剑桥大学获得了学士、硕士和博士学位。这些"文武双全"者并非罕见个案。一项以 8000 余名 7—15 岁的儿童青少年为研究对象的研究发现，体适能、心肺功能和体育活动表现越好，学业成绩越好。足球、篮球、排球、网球等集体性体育活动还有助于减少儿童青少年，特别是男生抑郁等情绪问题。体育活动促进学习和心理健康的机制之一在于其显著促进了脑发育。动物模型研究显示，中等强度的体育运动可以促进与学习记忆密切相关的海马等脑区建立更密集的神经元间连接，从而促进学习和记忆。体适能高的儿童具有较大的背侧纹状体，集体体育活动经验丰富的儿童海马体积较大。因此，体育活动很可能通过促进背侧纹状体和海马等与学习和心理健康密切相关的脑区发育，进而提升认知能力与学习成效，维持良好的心理健康。

不同领域、不同类型的学习本质上都是对脑与认知不断提出新的挑战，不同活动可能存在着共享和独特的脑加工系统，因此在促进脑智发育上具有相通性和互补性。多种活动交替进行能促进更广泛脑区的活动，促进多种能力的高效发展。特别是学习和成长的重要目标是学会迁移，"举一反三"，触类旁通，从而以有限的学习和经验解决无限的现实问题。丰富的活动，相比囿于单一活动，更能有效促进学习和成长。基于此，当前我国五育并举的教育政策，本质上也是提倡学生参与到更加丰富的实践活动中，特别是补齐体、美、劳之短板，将极大助力提升未来公民的综合素质。

动静结合更利于学习

具有关联性的内容安排在一起，有助于知识和技能学习、提高。一方面，在同领域活动内部安排内容相关的学习。例如，钢琴学习中音阶、和弦和琶音之间交替练习，数学和物理交替学习，英文阅读后练习英语听力。另一方面，也可以安排不同领域但认知技能相关的学习。例如，音乐学习和语言学习交替，这些不同活动共享精细语音加工、多通道信息整合等相似认知加工；工具操作和复杂语法加工活动交替，二者共享序列加工等相似认知过程。这些具有关联性的内容、技能交替进行，可以达到相互迁移、促进的效果。

静止与运动相结合同样是提高学习成效的妙招。例如，静止状态的学习后进行运动，可以有效提高学生后续学习的注意力。一项研究招募三组大学一年级学生观看同样 50 分钟的讲座。两个小组安排了休息时间，第一组休息时做健美操练习，第二组休息时则玩视频游戏。第三组不安排休息，不间断观看讲座。研究结果表明，在中间休息时间做健美操的第一组学生在后续讲座中注意力明显提高，并在即时和延迟测试时均表现出更好的学习效果。在英国和芬兰，近年来学校教育实验研究正在探讨课堂学习穿插简短体育活动是否有助于提高课堂学习成效，尤其是面对困难的学习内容。随着研究不断深入，人们将更高效地开展多种形式、内容的活动促进学生发展。

（作者单位：北京师范大学认知神经科学与学习国家重点实验室）

以考攻考有奇效

中高考即将来临。如何复习备考更管用、有效？是不是废寝忘食地重读书本和笔记，力求把每一个标点符号都刻进大脑里？调查显示，62%~84% 的学生会采用不断重复学习的方式来备考，通过重复提高熟悉度。我们大家可能也有体会，随着重复次数提高，自我感觉将知识成功融汇在了大脑里。然而，仅仅重复学习可能只是嘴会了，大脑不见得真正学会、记住和会用知识。怎么办？研究显示，相同的学习时长下，相比重复学习，自己考自己有助于提高记忆存储时间和质量。测试 1 遍，其记忆效果与重读 5 遍材料相当。因此，紧张备考中，不妨以考攻考！

自己考自己，多多益善

自己考自己，第一大好处是延长记忆维持的时间。一项研究让一组学习者重复读 4 遍短文（重复学习），另一组则看 1 遍短文后就试着回忆 3 遍（重复测试）。结果发现，5 分钟后重复学习组回忆准确率 83%，高于重复测试组 10%；但是一周后重复测试组记忆保持达到 61%，反超重复学习组 20% 以上。因此，当我们需要以有限的复习时间穿越无限的知识海洋时，自己考自己就是学习加速的风帆。

自己考自己，第二大好处是提高记忆对考试压力的对抗力。备考往往伴随着心理压力的急剧增加，考试更是令人紧张不已。相比重复学习，自我测试在抵御压力对学习和记忆的损害上效果突出。例如，一项研究将 120 名单词学习者随机分成两组，一组不断重复诵读记忆，另一组不断自我测试、尝试回忆。24 小时后，两个组中又各有一半学习者经历了压力情境。结果表明，自我测试组学习者的记忆表现整体强于重复学习组。其中，重复自我测试组中经历压力的学习者表现和未经历压力者相当，而重复学习组中经历压力情境的学习者表现最差。因此，在面对即将到来的考试时，在巨大的心理压力下，如果只采用单纯的重复学习，很有可能在考场上出现头脑一片空白的情况。与此相对，如果备考阶段合理采用自我测试的策略，那么在上考场前已经身经百战，自然能更好抵抗压力对记忆带来的侵害。所以，以考攻考吧！

为什么自己考自己，复习效果好

相比重复学习，自我测试之所以学习效果更优，可能是由于学习者在自我测试过程中寻找到了更有效的"记忆桥梁"。一项研究让美国大学生学习斯瓦希里语，每次呈现斯瓦希里语单词和对应的英语翻译。与此同时，学习者每次都被要求写下一个关键词（记忆媒介），以帮助他们更好记忆。在三次学习中，一组学习者均不断重复词对（重复学习组），另一组学习者则插入回忆测试（自我测试组）。一周后，自我测试组的成绩是重复学习组的 3 倍。与此同时，如果给学习者提供学习时写下的关键词作为提示，重复学习组的记忆表现从 15% 提高到 30%。这提示，可能正是一个个"关键词"架起了记忆桥梁，让学习者在考试中得以准确提取学习内容。学习中插入自我测试，这一过程促进了线索与识记、提取的整合。即使在学习过程中，关键词没能即刻发挥作用，自我测试也能促使"关键词"从无效向有效转变。

神经影像学研究进一步揭示出，相比重复学习，考一考增强了脑的记忆中枢——海马与其他脑区的连接，实实在在地架起了"记忆的桥梁"。在实验中，一组学习者重复学习单词对，另一组学习者则在学一遍后，依据线索选择配对单词（和考试一样！）。结果发现，相比重复学习组，考一考这组的海马体与主管高级认知的腹外侧前额叶、内侧前额叶以及后扣带皮层等脑区之间的功能连接增加。因此，在学习过程中插入测试，学习获得的信息会像一张渔网一样不断被织补，海马体将这些相关信息更新整合到一起，和前额叶形成良好网络，更好地支持记忆检索，并不断开拓和锻炼了参与信息整合的其他脑区建构信息传递的"高速公路"，为后续记忆检索提供了更好的基础。

以考攻考有窍门

难度系数很重要。一项元分析总结了有关的 331 个研究，结果发现，考一考带来的好处主要来源于测试时提取信息所需要付出的努力程度。在提取信息的过程中，学习者感到越费劲，需要付出的努力更多，那么最终形成的记忆痕迹就越稳固。没有任何线索的自由回忆就比填空、选择题更有效，而填空题又比选择题更有效。因此，在自己考自己时，应更多选择大段论述或者不提供任何线索的自由回忆，减少或不使用填空、选择题等回忆难度系数偏低的测试类型。

即使会的也别放过。会的内容长期置之不理，就可能在考试中难以提取。在前述让美国大学生学斯瓦希里语单词的研究中，研究者在学习者测试后进一步将其分成 4 个小组，有两组学生只复习出错的单词，后续考试分别只考错词和所有单词；另外两组学生则所有词都复习，考试时分别只考错词和所有单词。结果显示，虽然这 4 组的学习速度相似，但是一周后只有接受全部单词考核的两组学习者能记住 80% 单词，而只考错词的两组学习者只能记住约 1/3 的单词。因此，即使是学会的内容也不应该放过，有必要将其放在进一步的自我测试中，从而有效巩固记忆。

传道授业更解惑。考试发现问题怎么办？当当小老师，试着把自己出现问题的知识点讲给别人听，教会了别人，自己记得更牢靠。学习研究证实，以教代学更有可能促进长时记忆。例如，一项研究将学习者分成两组阅读短文，一组被告知后续将有考试，另一组则被告知后续将要学习内容教给其他学生。结果表明，相比"为考试而学习"组，"为教学而学习"组的学生回忆了更多信息，对要点提取更好。

（作者单位：北京师范大学认知神经科学与学习国家重点实验室）

15

孩子沉迷
电子产品，家长怎么办

　　有不少家长为孩子沉迷电子产品的行为而头疼。尤其是对于青春期的孩子而言，说多了不行，说少了又不管用，讲道理又嫌烦……为什么孩子会沉浸在网络世界中不能自拔？家长又应该从哪些角度出发智慧地帮助孩子回到现实生活中？

孩子沉迷手机，原来"根"在这里……

申子姣

随着电子产品的发展与普及，孩子沉迷其中的现象也变得越来越普遍。电子产品用得过度了，可能带来近视、脊椎、关节等生理发育的问题，还可能导致孩子叛逆、不思进取、耽误学业的情况。我们还会经常看到孩子在网吧连玩几天导致猝死的新闻，还有新闻报道过家长一抢手机，孩子直接跳楼自杀以示反抗的案例，简直让人触目惊心。

要想找到青少年与游戏问题科学相处的解决方案，家长首先需要弄清楚一个问题：接触手机的孩子那么多，为什么有的孩子就能够只把手机当成放松和锻炼心智的工具，而有的孩子却沉迷其中，被游戏所掌控？

手机确实很有吸引力

孩子容易沉迷手机，最简单的原因，就是手机里的功能确实很好玩，可以从视、听等各方面给孩子带来乐趣和愉悦的感觉，能够帮助孩子有效达到放松娱乐的目的。有些手机里的 App 甚至还可以帮助孩子们提升学习能力，降低对学习的抵抗。比如有些特殊题材的游戏，如历史题材、传统文化题材等，含有文化内容、科技内容、教材内容，使学生获得互动经验，发展手眼协调技能，体验到成就感，避免他们在枯燥的课堂中丧失学习的兴趣，鼓励他们寻找乐趣。它能够在娱乐的同时扩大知识面，加深对书本上某些概念、原理、关系等的理解。对训练提高孩子思维的敏捷性、发散性、创新性具有直接的作用，并能提高解决实际问题能力、动手能力、与人交往能力甚至语言表达技巧等。

当然，为了让手机变得好玩，很多游戏开发商都在潜心研究怎样才能让用户在自家的软件上花费更多的时间。我们以游戏为例，游戏的开发和设计是一项很深的学问，最简单的游戏设计，也蕴含着心理学知识的应用。

流行度高的游戏是如何吸引到孩子来满足他们心理需要的呢？至少有这样一些共同要素：

入门简单，上手容易——让大多数人能够"驾驭"得住，最初给人感觉是投入很少就可以得到很大的回报。

反馈及时，规则清晰——只要动动手，游戏就会有反馈，帮助你迅速掌握生存法则。哪怕很单纯的任务，比如养猫、种菜、养青蛙，永远有事可做，只要按相应规则点击就有回报。

丰富排名机制——很多游戏会从不同维度对玩家的投入、能力、成果进行排名，生成排行榜。每一个名次的进步，又进一步形成了正向的反馈。

环环相扣的小目标——本来打算玩完这一局就收工，但系统马上提示很快就能再升一级。升级之后，系统又会提示一个限时完成的诱人任务。每隔短短几分钟，就有一个新的奖励在等你，让人欲罢不能。

无限次的重复试误机会——玩家在游戏中有着充分的自主试误权力，出了错，玩不好，没关系，可以立刻再来一遍。游戏角色被击败了，重置就好，一条命丢了，立马就能复活。

团队协作，提升归属感——比如团队、工会互助等设计，给玩家一个抱团的机会，在团队中担任特定的角色，也会让人体验自己的归属感和价值感。

这么多精心的设计，别说孩子们了，就连成人都会欲罢不能。这就提示我们，若想要孩子不被手机"勾走"，至少可以尽量减少孩子接触手机的机会。因为眼不见为净，孩子看不到也就减少被吸引的可能性。家长躺在沙发上拿着手机哪怕是处理公务，也会激发起孩子玩手机的愿望。更别说家长刷着短视频、玩着游戏，声音再外放一下，就像美食散发着诱人的香味一样，本身对孩子就是极大的刺激，让他们难以阻挡。家长一边拿着手机看着剧、聊着天，一边陪孩子写作业，简直就是让孩子分心的最佳手段。所以，要想孩子少玩，父母自己一定要做到在孩子面前少玩甚至不玩。

当然，除了手机本身的吸引力之外，孩子沉迷手机游戏还有其他很多方面的原因。

大脑发育未成熟让手机游戏有可乘之机

在生理方面，处于儿童或青春期的孩子，大脑尚在发育中，他们的前额叶系统还未完全发育成熟，导致理性思考、制定计划、调控自己情绪和行为的能力不足；但情绪动机系统（大脑的边缘系统）则发育得较好。这两个系统的不平衡，就像一辆汽车，油门给得很足，但缺乏导航的指引和足够灵敏的刹车，结果可想而知，孩子们往往会表现出容易接受各类新奇事物、冲动、做事不计后果的特点。在接触到形形色色的视频、游戏、App 之后，自然就心向往之，难以克制玩下去的冲动了。

同样，为什么家长简单粗暴地跟孩子发脾气不管用？因为家长一发脾气，孩子的情绪脑马上就开始工作啦！它会把成人的话都当成威胁，尤其是大脑中被称为"杏仁核"的一个结构，会向孩子发送警报：危险来了，快快行动！要么开战！要么逃跑！而此刻理性脑呢？它可能直接被冻住了，所以家长发脾气时讲的话，孩子其实可能一句都听不进去，反而会让孩子多了一份戒备，少了一份安全感。

这就提示我们，当孩子停不下来的时候，要对孩子多一分耐心和理解。看到孩子又在玩手机的时候，不要轻易地给孩子贴上缺乏自制力的标签，更不能一着急就上手或责骂，企图用语言或者肢体暴力解决问题。我们得先提醒一下自己，孩子的大脑还没能跟得上，所以情有可原，看到孩子可能进步的空间，让自己的情绪先稳定下来。然后，多提醒孩子几次：你已经玩了 10 分钟了，该去写作业了；或者已经 9 点了，该去刷牙洗漱了，给孩子一个缓冲和提醒的机会，帮他慢慢地把"车"刹下来。

不良个性会增加手机依赖风险

孩子的性格因素也不可忽略，比如，有的孩子天生就比别的孩子更容易冲动，做事也更容易莽撞，这样的孩子拿到手机，就更容易玩得停不下来。

有些孩子的注意力时间好像天生就更短一些，坐不住，日常生活中的刺激变化的速度，跟不上他们注意力转换的节奏。就像小猫钓鱼一样，蝴蝶来了追蝴蝶，蜜蜂来了捉蜜蜂，比如小猫，哪怕这鱼钓上来是它自己要吃的，它也很难把注意力安放在手头钓鱼的工作上。对于这样的孩子，电子产品不停地出新的花样，新的刺激才能吸引住他的注意力，他也就更容易沉在里面出不来。

还有，如果你观察自己孩子面对压力、挫折或者批评的态度，也能发现一些特点。有些孩子被批评了，能主动承认错误，虚心接受意见，然后这事儿就放下了。而有一些孩子呢，可能就更容易采用消极回避的方式来应对压力。比如做了错事，可能先是尝试撒谎，瞒不住了就想办法逃避父母直接的对话，尝试转移话题，批评了他也不容易直接面对错误。遇到有压力的事，比如要考试了，明明很想考好，但就是因为害怕会考差，反而不好好复习，干那些与学习不相关的事情。这样的孩子，也更容易产生手机依赖。

这就提示我们，要通过日常的观察，了解孩子的性格特征，不要随意拿自己的孩子跟那些性格相差很大的同龄人榜样去做对比。对于冲动性强、容易分心、容易逃避的孩子，要更有耐心一点，先帮助他们逐步正视、接纳自己的问题，然后才能带来改变。当然，家长也要通过调整家庭教育的方法，帮助孩子培养更加积极的个性特点。

不良家庭教养方式可能将孩子推向手机怀抱

以往研究发现，家庭内部的冲突越是频发、越是激烈、越是无法解决，对孩子心理健康的负面影响就越大。当父母发生冲突的内容与孩子有关时，孩子的心理痛苦会更深，也就更有可能把长时间玩游戏作为应对痛苦的解决方案。我们在工作中甚至发现了这样的现象：孩子对游戏越是沉迷，他在家庭中缺失的东西越多。

家庭中哪些不良的教养方式更可能导致孩子沉迷手机呢？

观点多元，规则不清，冲突频发——很多家庭里都是三代同堂，父母、祖父母共同参与孩子的养育和管理，三代人因为成长环境与生活背景的不同，观念和习惯上有着大量的冲突和矛盾。每个人都有趋利避害的本能，在家庭冲突频发的背景下，逃到一个规则简单、解决冲突的方式也很直接的手机虚拟世界，可以说是很自然的选择。

所以，如果想要孩子不依赖手机，就有必要营造一个温馨的环境，明确家庭规则，统一教养要求。我们可以用召开家庭会议、不要当着孩子的面产生冲突等方式，去达到这一效果。

反馈模糊，方式单调——游戏从不吝于给玩家反馈，玩家一个简单的进步，游戏系统恨不得欢呼雀跃、昭告天下。但在很多家庭中，孩子很少能得到家长及时和具体的反馈，尤其是在做对、做好事情的时候，很少能够得到积极正向的鼓励。如果有，可能也是很笼统的"还不错"，显得缺乏诚意。孩子做错了事情，很多家长也是惩罚在前，甚至不给孩子解释惩罚的原因。

一个很典型的场景是：一个小孩犯了错，家长上来就打孩子，还边打边问："知不知道哪儿错了？"孩子很茫然，于是回答"不知道"，于是家长下手更狠了，边打边吼："叫你错了还不承认！以后还敢不敢？"孩子为了避免挨打，只好赶紧认怂："我错了，再也不敢了。"家长满意地扬长而去，留下孩子不明所以，黯然神伤。也有家长特别喜欢用"唠叨"的方式给孩子反馈，一件事没做好，同样的话提醒千万遍，实在是单调又惹孩子烦躁。

所以，如果你希望孩子更愿意在线下跟父母多沟通，就需要有一双发现美的眼睛，具体地给孩子积极的反馈，也不要吝啬对孩子的欣赏。即使是要批评和惩罚孩子，也要说清楚到底孩子做错了什么，以及应该往哪个方向改正，否则惩罚只会伤害亲子关系，给孩子留下阴影，却起不到任何正向教育的作用。

盲目攀比，只重成绩——仔细观察手机各类游戏 App 的排行榜，您会发现游戏的维度很多样，比如属性的、技能的、装备的、花钱的。而且除了最前面的 10 强或 100 强外，落后的玩家，仅告知个人排名，鼓励玩家努力提升排名就好了。很多家长却两眼只盯着学习成绩，完全不重视孩子兴趣爱好的培养，凡是做与学习无关的事情就是"不务正业"。随着考学政策对特长的重视，家长们又开始盯着有助于择校加分的特长看，兴趣爱好的培养带着极强的功利色彩。学校所给出的排名也常常是详尽的大榜单，很容易被家长拿来打击孩子的自信心，永远都是表扬别人家的孩子。这样被压抑久了，孩子自然容易被有趣的游戏所吸引。

如果您希望孩子过得更快乐一些，应当允许孩子有一定休闲放松的时间，允许孩子从所谓不是正事的兴趣爱好里体会到生活的乐趣、生命的多彩，孩子也不至于非得从游戏里寻找慰藉。更重要的是，会放松、会享受生活的孩子，也往往会更加有动力、有毅力去承受学习中遇到的挫折，也不会轻易做出轻生的选择。

目标过于远大，平时无成就感——生活中也不乏家长在孩子还很小的时候，就开始设定一个过于远大的目标，比如网上有一张让人啼笑皆非的图，一个熟睡中的婴儿，头顶上摆着"距离高考还有 6414 天"的牌子。在一些家庭中，孩子的前 18 年都为高考这一个目标做准备，原本可以体验当下丰富多彩的生活，却变得功利心过强。对于这些心智尚未成熟、自控和自我激励能力尚弱的儿童青少年，他们很难盯着一个很远的目标来约束当下的行为。缺少当前具体的目标和努力方向，也就很难获得成就感。反观游戏设计，从来不会让玩家觉得有一秒钟是在无所事事，每个时刻都有适合其当前级别或角色的任务，以及只要努力就可完成的小目标，时刻不忘增加玩家的成就感。

所以，如果想要孩子在生活中体验到成就感，而不是退而求其次地寻求一个虚拟世界的认可，就需要我们为孩子拆解那些通过努力比较容易达到的目标，肯定孩子的付出和努力，让孩子体会到自己在现实生活中也是有能力的，有价值的。

难以容忍孩子的"试误"——在不断尝试犯错的基础上掌握知识和技能，可以说是一个人成长过程中最自然的学习方式。而游戏可以温和而无条件地为孩子提供无限次的重复试误的机会。在家庭中呢？恐怕孩子从小听到更多的都是禁止性的命令：别摔着！别动这个！别干那个！别吵！别闹！别哭！……孩子一旦真的犯错，尤其是犯重复的错误，极易激发家长的厌烦和愤怒情绪。这从辅导小学生写作业能把家长气到手掌骨折、心梗搭桥的例子，便可窥得一斑。更让孩子觉得备受束缚，不如游戏中的环境宽松包容。

这就需要我们的家长朋友给予孩子更多的安全感和尝试的空间，从更深的层面来讲，需要我们家长朋友接纳自己的平凡，接纳孩子的有限性。大家回顾一下自己的成长道路就会知道，有些道理，即使父母给我们讲了无数遍，也不如我们自己吃一次亏记得牢。在小事上多受一些挫折，也能增加孩子抗击逆境的能力。

缺少归属感和自主性——游戏中团队协作、玩家互助的设计能够大大满足孩子与同伴交流协作的需求，也能让孩子感受到在一个大环境下，归属于一个小集体的温暖和荣誉感、责任感。但在有的家庭当中，家长用于控制孩子的方法是"你再不听话，我就不要你了！""你做了这样的事，我没有你这样的孩子！"等，极大地威胁了孩子对家庭的归属感。要不就是相反，对孩子百般照顾，孩子的生活通常都得全方位听家长安排，自主性非常低，这与游戏中自主决定操作方式，甚至可以自主开发多样化的通关技巧相比，真的很缺乏吸引力。

希望家长能够注意到，在任何时候都不要以切断关系、抛弃孩子作为威胁孩子的手段。同时，要鼓励孩子多多建立线下的人际关系，在一些结果无伤大雅的场合里，多一些自主尝试的空间。这个过程中即使有一些不理想的结果出现也不要紧。孩子也可以学习为自己的选择负责任。

所以，沉迷于电子产品，跟其他严重的心理行为问题一样，在根本上，其实是深层心理需求没能得到满足的结果，尤其是在家庭当中没有办法获得相应的心理营养的结果。当然，我们把这些特点总结出来，绝不是为了归咎于父母，而是希望能够帮助大家更清晰地了解孩子所处的状况，以便有针对性地调整和改变，达到事半功倍的良好效果。时代在变，作为家长要跟上时代的步伐，不断更新我们的教育方法。我们都特别希望孩子去好好学习，作为家长我们也需要与时俱进地去学习，和网络或者游戏去 PK，做那个能够了解孩子、吸引孩子和满足孩子心理需求的赢家。

希望家长们可以一起努力，为孩子提供健康的家庭氛围，从根本上改变滋生手机依赖的土壤。既给予孩子足够的疼爱与支持，在孩子受挫时给予足够的支持与引导，包容孩子的错误；也要给予孩子充分的信任关怀，尊重孩子的选择，给予孩子一片自由的领域，让他能够发展自己的个性，成为他自己。

（作者单位：北京师范大学心理健康教育与咨询中心）

自律是人生最尊贵的标配

李浩英

现代管理学大师彼得·德鲁克曾说："管理的最高境界是自我管理。"自我管理，指的是利用个人内在力量改变行为的策略，注重的是一个人的自我教导及约束的力量，也就是说行为的制约是透过内控力量（自己），而非传统的外控力量（教师、家长）。这段论述非常明确地指出管理的主语和宾语都是自己。

自律素养的养成可以遵循四步法：清晰提示、简便易行、积极反馈、借助习惯。

清晰提示。第一点，目标越清晰，执行意图就会越明确。目标越具体，实现的可能性就越大，同时也更能坚持下去。我建议家长不要自己给孩子制定目标，如果父母也是在家办公，需要清晰的时间任务表的话，可以和孩子一起制定目标。孩子小的可以和父母协商，万不可以越俎代庖，否则就会扼杀孩子做事情的自主性，不知不觉中就把孩子变成了靠外控力量完成任务的小木偶了。第二点，可以借助随身携带的手账记录跟踪。在人类所有的感官中，有 1100 万个感觉接收器，包括眼耳鼻舌身，其中 1000 万个是专门用于视觉的，可见大脑一半的资源都用于视觉了。所以说写在一张纸上，就将目标可视化，启动了更多的大脑资源来关注这件事情，自然提高了坚持的可能性。第三点，创建自律空间。宅家期间，如果孩子一直穿着睡衣，躺在床上，左边零食右边电视，网课中的老师即使变成段子手、演讲家，孩子也很难集中精力。因为，环境是塑造人类行为的无形之手，打造整洁舒适、没有诱惑的环境更容易实现自我管理。

简便易行。目标的数量不宜过多，量力而为，尤其是刚刚开始的时候一定关注每天按时完成，保障频率比保障长度难度更重要。可以从两分钟开始读书、跑步、做俯卧撑，这样，孩子才能在作出承诺后信守诺言，确立的这个目标才能实现，做起来有了这种掌控感就容易坚持。另外就是将大目标切成多个小目标，变成前后之间的提醒，如做饭时听音乐或者小说，晚上洗完后去冥想，这样前一个就会变成后一个目标的提示，会记得并且马上行动。

积极反馈。保持习惯的关键是要有成就感，无论是完成任务之后允许去看电视、玩游戏，还是得到奖励礼物，哪怕是得到妈妈的一个拥抱，都会让孩子产生愉悦感，这种积极反馈是实现目标最好的激励。因为人对自己内在的满足更容易激发引起快乐的多巴胺。于父母而言，培养孩子不是更多地修正他们的错误，而是识别和培养他们最强的品质。帮他们发现自己在哪些方面更有优势，做起来更容易成功。美国心理学巨匠威廉·詹姆斯也说过：人性中最深刻的禀赋，是被人欣赏的渴望。父母们只有及时提供积极反馈，孩子们的目标才更快地去实现。这就是自律品质的培养：自律是在应该做某件事情的时候，约束自己去做，无论当时自己想做还是不想做，自律是人生最尊贵的标配。

借助习惯。《成功的原则，如何达成自己的理想》一书写道："一旦养成自动性习惯，我们就不会再天天为一些基础的事情操心劳神。这会让我们节省成吨的能量，避免我们把这些能量花在一遍一遍无休止的自我纠结上，从而可以把节省下来的精力用在创造其他成就上面。"也有科学家指出，习惯之所以出现是因为大脑一直在寻找可以省力的方式，习惯能让我们大脑得到更多休息，这种省力的本事其实是我们人类生存特别大的一个优势。我们每天的活动当中有超过40%是习惯的产物，而不是我们自己主动做出的决定。

（作者单位：北京师范大学中国教育与社会发展研究院）

科学的方法培养自律的孩子

刘朝莹

前不久，这样一则消息刷爆了朋友圈——北京 10 岁男孩桐桐（化名）确诊被感染了新冠病毒，在北京地坛医院治疗之余，他一直坚持上网课、写作业。面对医生护士的夸赞，他淡定地说："在医院只是换了一个地儿学习。"

2020 年 2 月，在疫情最严重的武汉，在方舱医院人声嘈杂中静心专注读书而走红的"清流哥"，让人既感动又心生敬意。

除了这些案例，还有疫情下那些偏远山区的学生爬到山顶去找手机信号，四处找无线网络信号"蹭网"上网课的学生……

这就是自律，即有意识地控制自己，有原则地对待事物，能够主动掌握自己的心理和行为。

著名的"棉花糖"实验也是针对自律品质而开展的。斯坦福大学的心理学教授米歇尔曾召集了数百名 4 岁大的幼童，把他们留在一个房间里，并告诉他们："我给你一颗棉花糖，然后给你 15 分钟。如果我回来的时候这颗棉花糖还在这儿，你会再得到一颗，这样你就会有两颗。"结果发现，关门期间，2/3 的孩子把棉花糖吃了。14 年后，米歇尔对那群已然 18 岁的孩子又展开了后续研究，结果发现——那些几乎不能等待的孩子，都比较自大，在他人眼里是顽固、爱嫉妒、容易受挫的人。而那些能够管住自己，直到实验人员回来才吃棉花糖的孩子，则具有更好的社交技巧、更强的社会竞争力和可靠性，他们更坚定、更守信、学术成绩也更好。

自律是一种优秀的品质与良好的习惯，如何培养？除了孩子自身的修养外，科学的家庭教育方法至关重要。

"行为契约"带来的改变

疫情防控期间，有不少家长因孩子的学习问题向我咨询，大多数都是因为孩子的习惯不好而犯愁。比如，一位初中生小艾，原来写作业特别磨蹭，一份卷子要写 40 分钟。我让妈妈和孩子签订了一份"行为契约"。这位妈妈试探性地对孩子说："你希望提高写作业的效率吗？"孩子说："当然希望了，省得你天天在我耳边唠叨。"妈妈说："我们定个好玩的契约，从今天开始，咱们每天比前一天快一分钟，就算是完成契约了，如果能够做到，你就有一定的自由时间干自己喜欢的事。你觉得怎么样？"孩子心想："我妈不是疯了吧，快一分钟，太容易了。少咬会儿铅笔或少抠会儿腿也就行了。少去趟厕所，还能节约好几分钟呢。"所以，孩子信心满满地答应了。从这一天开始，孩子每天都会主动地去想："我今天做点什么，能够更快一点呢？"完全不需要妈妈催，自己就主动地承担起责任来了。一天快一分钟，偶尔快了 3 分钟，妈妈也不会提更高要求，仍然按照一天一分钟的标准约定，节约出来的时间，就划归给孩子作为自由时间。在我这个方法下，孩子的专注力有了很大改善，三个星期之后，写同样一份卷子，他能够在 20 分钟之内完成，保质保量，不再需要监督。从那之后，妈妈再也不用操心孩子磨蹭的事情了。

在"行为契约"约束下，改变的孩子还有很多。有的孩子积极主动背单词，一个假期背了 2700 个单词；有的孩子从放学后先玩后写作业，改变为先写作业再玩；还有的孩子拿起了几年没有读的英语故事书，主动开始了阅读。

这些学生和家长都是运用了科学的方法，极大地提升了孩子的自律性、主动性。所以说，教育孩子要找到关键点。比如，家长会担心孩子一放学就玩游戏，所以没收手机，可是孩子有抵触心理，依旧不认真写作业，问题还是没有解决。其实，正确的解决方法不是没收手机，而是培养孩子优先、自觉做作业的好习惯。很多家长与孩子通过行为契约，提升了双方的自律和自主性，不但孩子每天放学后会主动地先把作业写完，有的家长也开始了锻炼，有的甚至开始了戒烟，在家庭中也形成了一种互相促进，互为榜样的积极氛围，不仅孩子改变了，家庭争吵也少了很多。

"三招"让"行为契约"落地

家长在和孩子签订"行为契约"的时候，有三个最容易出问题的方面，会导致契约变得没有效果，这就是契约三要素：目标、奖惩和执行。契约的目标就像人的头脑，奖惩和执行就像人的两只手，通过这两个环节，共同来实现目标。

制定具体可行的目标。比如，有位家长让孩子一周背15个成语。孩子会说："太多了，我背不了。"如果妈妈说："那你每天背2～3个，可以吗？"孩子会说："可以的，没问题。"把目标调整之后，孩子更愿意执行了。所以，目标设定要遵循刚刚说到的三个原则：少而精、可量化、前进一小步。这样制定出的目标，孩子有动力，效果更好。

依据兴趣科学奖惩。奖惩的原则中，最重要的一条就是投其所好，奖励孩子喜欢的东西。曾有新闻报道两个小学生捡到了一个很重的提包，他们发现提包里面有证件、手机、大量现金。孩子在民警的帮助下找到了失主。应该为这两位小学生这种拾金不昧的精神点赞。不久，就传出来一个段子说：失主为了答谢这两名小学生，买了千元的练习册送给小学生。据说小学生收到的时候情绪"非常激动"。很明显这个奖励不仅没效果，甚至会起反作用。我们在给孩子设置奖励时，一定要了解孩子的兴趣爱好，满足孩子内心深处的渴望。我认为，奖励孩子要以精神奖励为主。我在《做守信的家长，培养自律的孩子》一书中设计了40张心愿卡，用于精神奖励。这些卡片特别受孩子喜欢，比如，有一张免责卡，也叫免唠叨卡，一听名字就知道是干什么用了。孩子通过完成契约，可以获得一张免责卡。当家长对孩子不满意，又唠叨孩子时，孩子出示这张卡片："妈妈，我使用免责卡，这次您别唠叨我了。"这时妈妈就要停下唠叨。同样地，家长也通过完成契约，获得卡片，比如温和卡，当孩子想要乱发脾气时，家长出示这张卡片，孩子要控制情绪，温和地处理事情，孩子也要遵守。

不打折扣地执行。再好的契约，不去执行，也等于废纸一张。建议家长最好做一张执行记录表，约定的任务，孩子完成了打钩，并贴上孩子喜欢的贴画，没有完成则打叉。这样能够一目了然，可以看到哪一天执行得非常好，哪一天是需要改善的。所以，全家一起执行、互相监督，也互相鼓励，才能真正取得效果。

（作者单位：北京师范大学心理学部）

警惕抑郁，
呵护孩子健康成长

近年来，我国儿童青少年抑郁障碍的检出率居高不下，并常与焦虑障碍相伴而行。作为家长，应警惕抑郁，不要让家庭问题成为孩子不良情绪的温床。

家长要做孩子情绪的敏锐觉察者

刘朝莹

警惕：不要让家庭问题成为孩子不良情绪的温床

不顺畅的家庭沟通。家庭是孩子爱的港湾。当孩子遇到了困难，能不能放心地去跟家长倾诉，是一个特别重要的事情。遗憾的是，很多家庭并没有这样一个信任、安全的沟通环境。有孩子说："我妈特神奇，什么事都能扯到学习上。"家长只顾着说教，只关心学习，很少和孩子聊聊生活里的其他事情。在咨询中，在校园欺凌、性侵犯等案例的留言中，都会有孩子说，想要跟父母谈，但是父母根本没有接收到孩子的信号。

如果家庭中的沟通环境一直是比较好的，孩子和父母之间一直有很好的信任感和安全感。孩子即使遇到很大的困难，甚至是难以启齿的事情，也相信父母会理解他、接纳他。孩子就愿意主动去跟家长沟通和倾诉，而不是选择隐瞒、躲藏和逃避。这样，孩子因为困难或压力事件而发生抑郁和自杀的风险就会降低很多。

糟糕的家庭氛围。糟糕的家庭氛围中，往往家庭成员间关系比较紧张，夫妻冲突频繁，遇到问题时容易相互指责、争吵甚至冷战。有些特殊家庭中，可能还存在酗酒、犯罪、吸毒、家暴，或患有精神疾病等情况。除了精神疾病和人格特质本身就有遗传的可能，在这种环境中长大的孩子，他们的情绪感受经常也是糟糕的，在外界刺激下可能更容易产生冲动行为，或者遇到困难时，更容易觉得生活没有希望。许多自杀者往往就是在绝望和冲动之下酿成难以挽回的悲剧。

什么是积极的家庭氛围呢？比如，家庭成员关系和谐，遇到问题可以共同面对而不是相互指责；可以相互开玩笑调侃，不会因为一句话不小心说错就造成矛盾和误会；家庭环境温暖愉悦；等等。在这样的氛围中成长的孩子，他的情绪大部分时间是比较愉快的，遇到问题时情绪也会相对稳定，能够积极面对，相信生活是有希望的。

情绪虐待与忽略。在一些家庭里，夫妻双方本身情绪就不成熟，像个孩子一样，动不动就闹矛盾，这样的父母也很难做到给孩子情绪上的照顾。反而是孩子像小大人一样，劝和父母，维护家庭和谐。但是父母和孩子都很难意识到这种角色的倒错，那么孩子从小在这样的家庭中，可能就会活得很累。即便父母提供了优厚的物质条件，孩子情感部分的需求仍然是一直缺失的，甚至是枯竭的。

在孩子的成长过程中，有很多敏感期。儿童阶段的孩子，对父母的爱非常敏感。如果能够得到父母充分的爱，他们就会很好地度过这个阶段，获得足够的安全感、信任感，相反如果常常被父母忽视，甚至合理的情感需求常常被拒绝，孩子就会很容易感到不安与不信任。

抑郁的父母。孩子的很多思维模式和行为习惯，最初都是来自对家庭成员的学习和模仿。抑郁的父母看待世界也是消极、悲观的，孩子就学到了这些消极的思维和行为模式。有的家族中有抑郁或自杀的亲人，孩子也会受到影响，把自杀当作解决问题的一种方式。面对经常情绪不好的父母，孩子可能还会自己把这个责任承担起来，或把爸爸或妈妈的抑郁看作是自己做得不够好。当孩子发现自己的努力并不能改变父母的状况，他可能就会觉得自己很无力，很绝望，因为他没有办法解决这些问题。

支招：让家庭真正成为爱的港湾

沟通时多倾听。"自己的孩子，他心里想什么我还不清楚。""那么小的孩子，能有什么大事呀！"如果家长带着这样的误区和孩子沟通，就很难真正了解孩子真实的想法。家长要保持一种好奇心，多去倾听孩子的想法，即使孩子表达的观点父母并不认同，也可以先听孩子说完，不要着急否认和打断。多问问孩子："你为什么会这么想呢？"或者说："你这么想一定有你的理由，是什么呀？"孩子感受到安全与接纳之后，才会把内心深处的秘密、担忧、恐惧告诉家长，这样家长才能真正了解孩子。

关注孩子的沟通信号。孩子在遇到困难，或想要自杀之前，大多会尝试和家长沟通，家长要对这类问题保持警觉，用倾听和理解的方式进行追问。比如因童年性侵犯而自杀的台湾作家林奕含，在她的小说《房思琪的初恋乐园》中有这样一段：

房思琪在饭桌上对妈妈说："我们的家教，好像什么都有，就是没有性教育。"

而妈妈却很诧异地看着她，回答："什么性教育？性教育是给那些需要性的人。"

那个时候思琪才明白，在性教育这个环节中，父母将永远缺席。

父母多用一些心在孩子身上，发现孩子讨论一些敏感话题的时候，要多问一问孩子，能避免很多的悲剧。

用共情回应孩子的情感。抑郁的孩子表达情绪多以负面情绪为主，父母一定要首先与孩子共情，也就是试着先抛开事情的对错，多去体会孩子的情绪和感受。回应的时候，父母可以直接说出孩子的感受。而指责、喋喋不休的说教，会让孩子瞬间关上心门。家长若用共情，关注孩子的感受，会让孩子感觉得到了理解，心里一下子就很温暖，觉得家长可以接纳他的感受。这样，孩子也会更愿意和家长交流自己的真实想法。

设置家庭愉快时光。抑郁不会骚扰愉快家庭长大的孩子。每天抽出 15 分钟，作为家庭愉快时光，放下手机，放下工作，陪孩子聊聊学习之外的事情，千万不要什么事都扯到学习上。比如讲讲故事、下下棋、聊聊有趣的见闻、来个枕头大战、一起跑步等等，都是增进亲子关系，融洽家庭氛围的好方法，孩子会在这种玩闹放松的过程中学会如何积极地面对生活，学会让自己快乐的方法。

积极心理学之父马丁·塞利格曼说过："孩子就像海绵，他们不但吸收你所讲的话，也吸收你讲话的方式。所以帮助孩子的方法之一就是你自己先获得拒绝悲观的技能。"所以，建议家长在进家门前，先拍拍自己的身体，就像抖落掉一天的负面情绪一样，让笑脸进家门。面对家庭中的矛盾，如果父母能够互相体谅，停止相互指责，家庭的氛围也会变得温暖舒适。

修复夫妻关系，不让孩子做替罪羊。父母之间有矛盾冲突的时候，不要把孩子拉入"战争"。比如夫妻吵架后，不要让孩子去传话，表达一些影响家庭和谐的负面态度，比如说："你看你爸有没有一点良心，做了什么什么样的事情。你去告诉他，如果这件事不解决，我们就离婚。"这样的任务，会把孩子置于非常矛盾和痛苦的位置。应当告诉孩子："爸爸妈妈吵架了，但那是我们之间的事情，你不用担心，爸爸妈妈是成年人，我们会处理好的。"

抑郁的父母要给孩子设置安全界限。父母抑郁的时候，很难照顾好孩子的情绪，但是可以把自己的情绪和孩子的责任做一个区隔，就像森林的防火带。比如告诉孩子说："爸爸 / 妈妈现在情绪不好，是因为爸爸 / 妈妈自己有困难要处理。这跟你没有关系，不是你的责任。即使我们有情绪不好的时候，也是一样很爱你的。"类似这样的话，就是给孩子设置了安全界限，会对孩子非常有帮助，可以让孩子心安，并且让孩子能够允许父母的坏情绪，不会因为父母状态不好而感到不安和自责。

都说家是爱的港湾，但糟糕的家庭也会成为扼杀希望的摇篮，并不是这样的家庭没有爱，而是家庭里的人不懂怎样去爱。作为父母，一定要提高对孩子情绪状况的敏锐觉察。抑郁不是错误，更不是脆弱，每一个抑郁的孩子都更需要被理解，被关注，被温柔以待。

（作者单位：北京师范大学心理学部）

预防抑郁，从培养自我价值感开始

申子姣

    诸多医学和心理学的研究发现，生理、心理、家庭、学校、社会等多个层面因素的相互影响，共同导致了抑郁这一最终结果。就像身体不适的症状是在提醒我们关注躯体出现了问题一样，抑郁作为一种让人痛苦的心理症状，也是在提醒着我们心理上出现了一些"不对劲"的地方。

    抑郁的孩子在心理上出了什么问题？我们可以从孩子的表达中寻找线索："没人会喜欢我"是在诉说着被拒绝的苦涩；"都是我的错，当初就不应该……"是在反复咀嚼曾经的失误；"这种状况不可能改变，没有任何办法"是在表达着对未来的绝望；"我什么都做不好"则体现着内心深处的无意义感。这些线索，从不同的侧面透露出他们对自己的怀疑与否定，指向了一个共同的根源：自我价值感的缺失。

什么是自我价值感

它可被描述为这样一种体验：一个人觉得自己的存在是有意义、有价值的；自己的才能和人格是受到重视的；自己对别人、对团队是有贡献的。自我价值感较高的人，会表现出自信、自尊和自强；反之，则会呈现出明显的自卑或是过度的自恋，甚至自暴自弃。从这个角度来看，抑郁作为一种症状，其传递的直接信息便是"我不快乐"，深层的信号则是"我没有价值"。如果孩子的自我价值感低到极点，或者突然遭受到了颠覆性的冲击，就会引发"我不配活着"的念头，甚至导致自杀行为。

如何提升孩子的自我价值感

"镜中自我"理论认为，一个人对自己的看法与评价往往是参考他人对自己的反应而来的。心理学的研究也发现，一个人自我价值感的基本架构主要源于与养育者的互动，随着成长，老师及同伴对自我评价也会产生重要影响。

在3岁之前，孩子处于自我中心的状态，身边发生什么事都会归结在自己身上，家长可以细致而及时地回应孩子的需求，让孩子吃好穿暖，陪着玩耍，及时安慰，孩子就会觉得"别人对我好，是因为我很可爱，很重要"，自我价值感随之建立起来。

在4—6岁，孩子的自我意识逐渐清晰，开始越来越多地在意来自外界的评价，家长可以更多允许孩子的探索行为，欣赏孩子的奇思妙想，肯定孩子为家庭和伙伴付出的劳动，促使孩子把家长的积极反馈内化为对自己的正面体验，提升自我价值感。

到了小学阶段，孩子有了明确的学习任务，同伴的影响也日益凸显。在家中，构建良好的亲子关系，能让孩子感受到被家长喜欢和接纳，体验到自我价值；在学校，可以教导孩子学习和遵守恰当的行为规范，培养孩子人际交往的能力，努力为班级争取荣誉，让孩子感受到被集体、被他人接纳和需要，进而提升自我价值感。

到了中学，孩子进入青春期，独立需求不断增强。家长要学习倾听孩子的想法，尊重孩子的意见，尽量不主动去打扰孩子。当孩子遇到困难时，家长要在认可孩子的良好初心基础上，提示可能遇到的风险和挑战，帮助孩子完善行动的计划和方案，对于提升孩子的价值感尤为重要。

如何帮助孩子抵御学业压力对价值感的冲击

学习是学生的本职工作。学习过程也是培养孩子思维能力、锻炼意志品质的好机会，鼓励孩子认真学习、争取好的成绩无可厚非，但学业压力对孩子的影响巨大。我们常会看到学习成绩好的孩子好胜心强，受了打击就容易抑郁甚至轻生；大规模的调查结果发现，成绩差的孩子抑郁的风险更高。从自我价值的角度看，这两种现象并不矛盾。

若孩子处于一个"唯成绩论"的环境，就会形成这样的信念："只有学习好，才是有价值的。"取得好成绩就会成为孩子证明自己的唯一手段，如果学习上遇到了挫折，成绩无法达到父母或老师的期待，孩子就会觉得自己"没用"，配不上父母和老师的付出，成为抑郁的导火索。一些成绩拔尖的中学生，考上了好的大学之后，成绩优势不再明显，原先赖以生存的价值感不复存在，也容易陷入抑郁的状态。因此，不能让学业成就成为孩子唯一的价值感来源！家长可以通过以下方法，培养孩子多维度的自我价值，帮助孩子抵御抑郁的风险。

培养发现优势的眼睛。有意识地挖掘孩子在学习之外的优势，并且真诚而具体地表达欣赏。真诚善良的品格、人际协调的能力、乐于奉献的精神、在兴趣领域的探索等等，都可以成为孩子的价值感来源。这些优势的形成都离不开孩子的努力和坚持，看到它们并且为其点赞，不仅不会让孩子得意自大，还会让孩子体验到父母对自己的理解、接纳和认可。当孩子遭遇失败和挫折时，在接纳孩子的失落与痛苦的前提下，更要帮助孩子一起去挖掘自己的优势，询问他们从挫折中学到了什么，是什么让他们坚持下来没有放弃，有助于孩子重振勇气，直面挑战。

把不良行为和孩子的为人区分开。发现孩子的优点并不意味着要对孩子的缺点视而不见，当孩子犯了错误，仍应进行批评和提醒。但家长要注意避免用"你就是一个白眼狼""你就是笨""你真的没救了"等方式对孩子进行人身攻击。这样会让孩子给自己贴上负面的标签，并且形成"一个好孩子不应该犯错""失败了就低人一等"等不合理的信念，要么无法原谅自己的错误，要么过于追求完美，无法接纳自己的缺点，要么不敢接受任何挑战，谨小慎微，惧怕失败。批评时应当以平和的心态呈现对孩子人格的接纳，但要用严肃的语气具体指出孩子的错误行为是什么，为什么这样做是不对的，并且帮助孩子认识到正确的做法是什么。

多给孩子做贡献的机会。著名心理学家阿德勒曾对他接待的抑郁症患者提出这样的治疗方案："如果你遵从我的建议，我可以在 14 天之内治愈你的抑郁症。这个建议就是：每天为别人做一件事。"心理学中的"互助友好理论"也印证了这一策略的有效性，互相帮助有助于他人建立良好的关系，也是一种缓解压力的有效方式。鼓励孩子多为别人作贡献，本身就是预防抑郁的良方。

提升家长自身的自我价值感。如果家长可以真实地体验自己为家庭、为社会所作出的贡献，拥有高自我价值感，就不会把自己的价值感全部投注到孩子的表现上，也不会常把自己的孩子与他人作比较，更不会把孩子的失败与自己的失败画等号。自我价值感高的家长，能够更好地包容孩子的挫折，情绪更加稳定，更容易做到真诚地鼓励孩子、发现孩子的优势、欣赏孩子的贡献，进而培养出积极乐观的孩子。

（作者单位：北京师范大学心理健康教育与咨询中心）

帮助孩子学会处理各种关系

朱茂玲

抑郁，是"关系"出了问题

"我不想学了""我不想活了"……对很多家长来说，孩子嘴里若说出这样的两句话，无异于杀伤力巨大的核武器。前者会让家长们感觉到非常愤怒，后者则会让家长感觉到非常恐惧。其实孩子在学习上的困难与心理上没有动力、没有希望的状态，都是抑郁状态（症）的重要特征。

所以，当一个天真的孩子开始意识到有一个未知的世界和一个有诸多规则的社会存在时，他可能会感到茫然无措。尤其是青春期的孩子，如何学会理性地面对和处理这些关系？这是个非常大的挑战。在工作中，我接触了大量的临床案例故事，从中去呈现正在经历抑郁的青少年内心世界和真实感受，从心灵感受的角度出发，以期帮助青少年有效地远离或者走出人生的"至暗时刻"。

　　抑郁，关系的象征性"死亡"。"我用尽了所有办法，曾经喜欢的游戏、创作音乐、与人聊天、喝酒，全部都不管用了，我没法让自己快乐起来。我不想死，可是我找不到生活的理由……"这是遭受深度抑郁折磨的 A 在苦苦挣扎时的内心表白。A 这种状态可能代表了绝大部分重度抑郁者的心灵状态，生活的乐趣感消失了，心灵如同荒漠一般了无生机。相对幸运的是 A 在家人的帮助下，及时到精神心理科就诊，按照医嘱服用药物，求助专业的心理咨询师，每周接受稳定频率的专业心理咨询。

　　治疗看起来是一个需要漫长时间和耐性的过程。起初，A 情绪起伏无常，父母也不能接受自己的孩子抑郁了，到后来积极配合，A 的情况也日渐见好。而这一切态度的变化源于母亲讲述的一个梦境——在母亲的梦中，自己的孩子死掉了，母亲感到非常的恐惧与无助。从深度心理学的理解来看，梦境表达的就是心灵的真实性，不是现实层面的孩子死掉了，而是父母一直期待喜欢的孩子身上"优秀的、出色的、能有不凡成就的特质"死掉了。母亲开始意识到要挽救自己的孩子，家长就必须要同时做出改变。母亲开始去参加一些专业亲子关系课程，尝试反思检讨自己的做法，改变以往亲子关系中简单粗暴、分数决定一切的局面。当母亲学会慢慢把对孩子的期望收回来，开始理解孩子面临的困难，给孩子一个相对宽松的空间去发展自己，开始能够设身处地给孩子提供适当的帮助，看到真实的孩子，亲子关系的僵局就打开了，家庭交流也有了更多一些鲜活的内容。当然，接受自己的孩子就是一个平凡普通的孩子，对很多家长来说是非常困难的，尤其是在成就标准分数取向的时代，孩子的成绩关乎父母的脸面，特别是在自我价值感相对较低的父母身上，就会把很多希望寄托到孩子身上，不够出色的孩子很难拥有价值感，进而会演化成家庭中的生存危机，"我不配活下去，我在这个家庭没有任何位置"。

抑郁，关系中的价值感缺失。"抑郁的孩子就是想得太多了。"这句话其实提示了精神心理出现抑郁群体的部分真相。从心理类型的视角来看，内向情感型的孩子更容易有抑郁的特质，天生更敏感一些，凡事更考虑意义价值。比如，13岁的B觉得每天上学对他来说就是一场酷刑，日常重复规律性的学习生活让他透不过气来，很长一段时间，每日的行程就是从家里离开之后坐着公共汽车在城市里一圈圈地兜转。谈及这种感受，他形容现在的生活状态"比清朝十大酷刑还惨，就如人彘被泡在缸中4年零7个月，就是一个字——熬"。B为此阅读了大量的哲学书籍，想要搞清楚"人活着到底是为了什么"。当内心的意义感没有答案，当生存的目标被物化，抑郁可能就是唯一可以选择的症状。有时候，大人们会被这些青春残酷物语吓到，孩子们怎么会有如此暗黑的想法和内在世界呢？其实，当内心隐秘感受可以用语言精准地形容和表达，且能够被安全的倾听和接纳，内在心灵就安全多了。

防治，从艺术地处理"关系"开始

重新联结，拥有关系就拥有未来。儿童心理治疗师温尼科特有过一句名言"拥有关系就拥有未来"。教育界和心理学界也在逐渐接受的一个观点是"好的关系胜过任何教育"。很多父母可能都有这样一个生活中的经验，自己生病感冒了，随便喝点热水就扛下来了；而孩子有点小病痛就会焦虑不安，恨不得替孩子来承受一切。一位 15 岁的初三学生的母亲前来求助，孩子长得很漂亮，成绩优秀，是班干部，也在经历自己的抑郁期。临床工作中问及这位母亲对孩子的期待："我唯一的心愿就是让我的孩子健康快乐。"当问到母亲"在你 15 岁时，你的生活样貌是什么样子的？你的感受是什么？"这位妈妈泣不成声："我的 15 岁就一直在努力干活，把整个家庭的重担挑起来，我没有体验过多少快乐，但我愿意这样为家人奉献一切。"或许，在陪伴孩子的成长过程中，父母也要学会允许孩子有矛盾和挣扎，有不快乐的权利。父母与孩子之间的联结尝试由"紧密"变为"深厚"，由窒息变为自由，变成一种彼此都放心的状态。

抑郁症状的好转需要相对缓慢的节奏。D 沉迷网络游戏已经快三年了，家长老师都束手无策，曾经跳级三次的尖子生，顺利考上国内名牌高校，现在正处在延期毕业多时且可能无法正常毕业的窘况。谈及网络游戏，D 很沮丧地说："我其实并不喜欢网络游戏，网络游戏只是我用来打发时间的一个东西罢了。可是我做其他的事情没有什么用，一丁点价值都没有。"D 有一个形象的比喻，网络游戏就是一个凶狠的巨人，好学生的特质（勤奋、努力、尽责）就是一些特别弱、不堪一击的东西，每次有了一点的进步，很快就会被巨人嘲笑和打败，所有的努力都是白费的。D 的困难就是虽然不死心，但在现实层面没有办法作任何的对抗，力量太悬殊了，只能沉沦下去。分析师与 D 的工作就采用了游戏与童话心理分析结合的方法。日本有一位著名的心理分析师河合隼雄，他介绍了非常多如何从象征的角度去理解青少年以及与青少年相处的方法，非常值得一读。从童话心理分析的视角来看，对于 D 来说，他需要每天去"喂哺"心灵中的巨人，保持游戏的、不在乎的状态，就是按时投喂的象征性表达，倒是那些积极的、优秀的特质需要小心翼翼、不露风声地自己在黑暗中摸索完成，直到确认自己可以真正完成了一些事情，拥有了胜任感，拥有了与"巨人"对抗的力量，方能对其宣战，取得胜利。这里也提示了一个对抑郁症状的工作原则，一个庞大的占据了心灵能量的症状，其所有的防治和改变都应该是谨慎的，小心翼翼的，礼仪相待的，持久漫长的，这也是我们面对心灵中的黑暗面一个最好的态度。在对抑郁者的临床工作中，我们经常会看到，太快好起来的孩子都是假象，都只是暂时的好转。

抑郁的形成当然有现实环境的压力，也有性格特质的影响；然而究其本质，就是"关系"出现了问题。我们面对青少年抑郁症状的时候，就是帮助他们学会处理各种关系：处理自己与世界的关系，自己与他人的关系，自己与自我的关系，自己与内在心灵的关系。

（作者单位：华南理工大学心理健康教育与咨询中心，文中出现的所有案例故事均经过咨询伦理处理）

驱走孩子的"心理雾霾"家长需调整心态

张惠娟

靠"书包翻身"的家长，如何面对"衣食无忧"的孩子

"孩子本身都是没问题的，每个健全的生命，最初都是有好奇心和创造力的，但为何上学后却变得不愿意学习了？甚至有一些成绩很好的孩子突然就不想去上学了……"在 8 月 17 日举行的"安全、健康与青少年的美好生活"——青少年心理成长与心理健康教育论坛的圆桌对话环节，大儒心理咨询创始人徐凯文博士抛出的这个问题引发人们的深思。

作为专业的心理咨询从业者，徐凯文表示，近年来，前来寻求心理健康咨询的青少年数量连年攀升。但他发现大多数孩子的主要问题不是抑郁，而是厌学、拒学。为了解这个现象他开始将思考转向家庭。

"我参加高考的时代，大学的录取率远比今天低得多，但

并没有多少学生因为考不上名校而出现情绪焦虑……"作为一名"70后",徐凯文坦陈现在很多家长对孩子成长的心态发生了变化。

"你能接受自己的孩子上的大学不如我们吗?""你能接受孩子不上大学吗?"徐凯文曾和很多高中就是"学霸"的家长讨论过这样的问题。对于第一个问题,大多数家长表示能接受,毕竟不是所有人都能考上名校的;但对于第二个问题,百分之百的家长都表示"无法接受"。徐凯文分析说,因为不少家长都是曾经的"小镇做题家",他们深信"书包翻身"对个人命运的改变所发挥的作用,坚信因自己在考试中的胜出才有机会进入今天社会中的精英阶层,所以他们对孩子的学习成绩格外关注。

"时代发生了巨大的变化,和父母不同的是,大多数的'考二代'从一出生便拥有了富足的物质生活,没有了父母当初'书包翻身'的内心动力,这些孩子更追求内心喜欢的东西。"徐凯文建议家长要多为孩子的成长、未来赋予更多精神层面的意义,不要只盯着学习成绩不放。

如何才能培养出身心健康、有创造力、有好奇心、热爱求知的新一代儿童青少年?徐凯文建议家长首先要改变"刻舟求剑"的教育心态,不要将自己以前的学习经验和价值观强加给现在的孩子,而是要引导孩子寻找到属于他们自己内心更丰富的精神世界。另外,家长需要明白的是,人生是一个漫长的路程,不要在乎谁开始跑得最快,而要看谁跑得最远。"人生有太多的美好,若只注重最后的结果,便会失去过程中很多美好的体验,这是对人生最大的浪费。"

孩子出现心理问题，很多原因在家庭

"家庭教育对青少年心理健康的影响极为突出。"谈起家长的影响，中国科学院心理研究所研究员李新影表示，很多人都知道原生家庭对一个人的性格有很大影响，其实家庭的教养习惯也带有传承性，很多家长的教养行为、习惯方式都在潜移默化中受到原生家庭的影响。

李新影举例说，很多人认为只有低学历的家长才简单粗暴地打孩子，但事实并非如此，她接触过的很多高知群体的家长也会打孩子，"因为他们成长中就是这么被家长教育的"。另外，受"万般皆下品，唯有读书高"的传统文化思想的影响，很多家长将自己的过高期待寄望在孩子身上，"而一旦得不到自己想要的'回报'，难免会心态失衡……"

"孩子出现心理健康问题，首先是家长不当的教育方式带来的！"谈起家长对孩子的影响，云南丑小鸭中学校长詹大年也深有感触地说。

云南丑小鸭中学是一所专门面向全国招收初中阶段学校不要的"问题孩子"的学校。办学 12 年来，他的学校从未放过假，"因为家长不敢将孩子接回去。"也正因这 12 年来和这些孩子的朝夕相处，詹大年对他们及其原生家庭有了更深入的观察和研究。在詹大年看来，亲子关系之所以"鸡飞狗跳"是因为很多家长对一些固有概念的认知出现了偏差。"比如，有的家长向我倾诉：詹校长，我这孩子，除了学习，啥啥都好！还有网上流传的'不谈学习母慈子孝，一谈学习鸡飞狗跳'等。提出这些观念的家长本身就将广义的学习与狭义的课本知识学习对立起来了。"詹大年告诉家长，上一代人对于学习的认知和孩子这一代人对于学习的认知，已是两个概念。

另外，詹大年发现很多家长不会处理自己的焦虑情绪。在面对孩子学习成绩不好时，很多家长的第一反应不是冷静地处理、转移、消化焦虑情绪，而是立刻发火甚至情绪失控打骂孩子，这就很容易将焦虑情绪转移到孩子身上，从而给孩子的心理带来更严重的焦虑。"孩子的本质就是孩子，保护好孩子让他安全正常地长大才是成年人的第一责任。"詹大年呼吁。

不断学习，提升"家长职业"专业化

并不是每个父母天生都会当家长，父母这个"特殊的职业"更要与子女共同成长、学习培训。

2022 年开始正式实施的《家庭教育促进法》明确指出："未成年人的父母或者其他监护人应当树立正确的家庭教育理念，自觉学习家庭教育知识，在孕期和未成年人进入婴幼儿照护服务机构、幼儿园、中小学校等重要时段进行有针对性的学习，掌握科学的家庭教育方法，提高家庭教育的能力。"

"我建议家长放平心态，拒绝焦虑。"李新影坦言，自己虽然是一名专业的心理教育研究者，但作为妈妈，她也曾为孩子的学习着急过，"那种感觉，就像推着一块石头上山，不光累而且没有什么效果……"后来，李新影要求自己放平心态，结果发现孩子的学习动力反而释放出来了。她告诉家长：与其把更多的精力放在孩子身上，不如把更多的精力放在自己身上。

　　"我也是一名高中生的妈妈，我深知很多东西是需要习得的。"国家心理健康和精神卫生防治中心党委副书记姜雯告诫家长一定要不断学习，在和孩子的共同成长中提升自己。在女儿的眼中，姜雯是班里"最不卷"的家长，因为在学习上，她从未逼过女儿，总是对孩子说"你歇会吧，去锻炼一下"。在她看来，这样的"不鸡娃"的教育反而收到了更好的效果。

　　长期在政府部门工作，除了在行政上推动青少年心理健康发展之外，姜雯也曾做过健康促进方面的工作，她深知让孩子拥有健康身心的重要性，"健康的身心是前面的'1'，没有这个'1'，后面那些'0'又有什么意义呢？"姜雯倡导所有的家长们，一定要不断学习，不断提高"母职"的专业化。

　　"心理健康问题是伴随着全人群的全生命周期的，儿童青少年处在人格正在形成的关键时期。"姜雯建议家长在与孩子的日常交往中，需要注意两个方面：一是要把孩子作为一个独立的人看待；二是要设身处地为孩子着想，让孩子有充足的睡眠时间、适当的锻炼和正常的社交生活。在她看来，做好青少年的心理健康教育需要全社会的共同努力，协同推进，需要各相关方密切配合，共同完善青少年心理健康的筛查、预警、干预机制，共同为青少年筑牢"心理防火墙"。

（作者原单位：人民政协报教育周刊编辑部）

后　记

期待能为家长提供具体而微的帮助

孩子念叨，"班队委竞选中有人贿选""班级中的课桌太高，椅子太矮，比例不协调""不喜欢现在的同桌""妈妈今天只表扬妹妹没表扬我"——面对孩子生活中的碎碎念念，作为家长的我们该如何选择如何回答？习近平总书记指出，"家庭教育涉及很多方面，但最重要的是品德教育，是如何做人的教育。"家庭生活中，我们常常要面对价值选择，孩子的人格也就在我们的一言一行中，在家庭生活中的点滴选择中被影响被塑造。

作为长期关注并以推动我国教育发展为使命的人民政协报教育周刊编辑部，我们深知家庭教育的重要。

2022年1月，《中华人民共和国家庭教育促进法》实施；2023年1月，教育部等十三部门《关于健全学校家庭社会协同育人机制的意见》发布。但无论是法律精神还是政策文件的落地，都需要作为媒体的我们切实行动起来，给家长提供具体而微的帮助。而作为家长，面对时代变迁，我们自己一路走来的习惯和经验已经不能完全适应今天的时代和孩子的成长所需。为人父母，我们特别有重新学习的必要。

近些年来，心理学、脑科学、营养学、运动科学等领域的研究蓬勃开展，也让教育活动越来越可以建诸于更多学科所揭示的科学规律的支撑上。

我们想将这些由各领域专家提供、经很多家长践行的行之有效的有关家庭教育的新理念、新思维、新方法推荐给我们的读者，以给父母提供具体而微的、科学实用的、可以在生活中落地的家教方法。

作为一个普通的母亲，我从本书提供的理念、思维和方法中受益。

受时代的局限，我和很多家长一样，在女儿儿时，很多问题还没有意识到。今天，女儿20多岁了，我依旧在学习在补课，希望能够用好已经极为有限的亲子时光给孩子尽可能多地带来积极的影响。

就在去年，女儿大学毕业归来，我便和友人李浩英——一位致力于科学实用的家庭教育理念和方法普及的热心行动者一起谋划推动，支持女儿和几位年轻人发起共建了"新知读书交流群"。今天，由这些年轻人带动，数十位不同背景不同年龄的人们晨起相约云上读书和分享，已经风雨无阻地坚持了近一年。由此，我也得以补上了一课——促使女儿养成了规律作息的习惯。现在，我们整个家庭又反过来被女儿带动，改变了多年的生活方式，养成了每晨即起读书、运动的习惯。

确实，做父母是一生的功课。我们的学习将直接让我们的家庭和孩子受益。希望伴随着本书的出版，这些让我们自己受益的知识、理念和方法能够给更多父母带来帮助，从而让更多儿童、少年乃至青年受益。

特别向以下各方面的帮助和支持致谢：

首先要感谢人民政协报领导对教育周刊办刊方向的支持。张立伟社长、王相伟总编辑不吝鼓励，支持我们将报纸文章通过书籍的形式定格，从而延长报纸的生命以让更多人受益。石秀燕副总编辑作为这批文章的把关者，常常给我们她最真实的反馈，促使我们精编和优化。

感谢多位来自母校北师大教授们的支持，也感谢很多教育工作者提供了自己亲子互动中的实践案例。

感谢中国文史出版社的段敏副总编辑和张春霞、高贝两位编辑不谋而合的思路和理念，我们合作颇为愉快。

最后要特别致谢教育周刊的原编辑张惠娟，这本书凝聚着她和我近些年在推广普及家庭教育理念和方法上的探索。她旅居海外期间，依然热情参与这本书的编辑工作。我亦想用这本书向她在人民政协报教育周刊10年来孜孜以求的努力致谢！

贺春兰

（作者系本书执行主编，人民政协报教育周刊主编，北京师范大学教育学博士）

图书在版编目（CIP）数据

做父母是一生的功课 / 人民政协报教育周刊编 .
—北京：中国文史出版社，2023.4
ISBN 978-7-5205-4040-7

Ⅰ . ①做… Ⅱ . ①人… Ⅲ . ①儿童教育—家庭教育
Ⅳ . ① G782

中国国家版本馆 CIP 数据核字（2023）第 051953 号

责任编辑：张春霞　高　贝

出版发行：中国文史出版社

社　　址：北京市海淀区西八里庄路 69 号院　邮编：100142

电　　话：010-81136606　81136602　81136603（发行部）

传　　真：010-81136655

印　　装：北京柏力行彩印有限公司

经　　销：全国新华书店

开　　本：787mm×1092mm　1/16

印　　张：19.5

字　　数：220 千字

版　　次：2023 年 5 月第 1 版

印　　次：2023 年 5 月第 1 次印刷

定　　价：59.80 元

文史版图书，版权所有，侵权必究。